Henry Harbaugh, Benjamin Bausman

Harbaughs Harfe - Gedichte in Pennsylvanisch-Deutscher Mundart

Henry Harbaugh, Benjamin Bausman

Harbaughs Harfe - Gedichte in Pennsylvanisch-Deutscher Mundart

ISBN/EAN: 9783743424630

Hergestellt in Europa, USA, Kanada, Australien, Japan

Cover: Foto ©ninafisch / pixelio.de

Manufactured and distributed by brebook publishing software (www.brebook.com)

Henry Harbaugh, Benjamin Bausman

Harbaughs Harfe - Gedichte in Pennsylvanisch-Deutscher Mundart

Harbaugh's Harfe.

GEDICHTE

IN

Pennsylvanisch-Deutscher Mundart.

VON

H. HARBAUGH, D. D.

HERAUSGEGEBEN VON
B. BAUSMAN.

REFORMED CHURCH PUBLICATION BOARD,
No. 54 NORTH SIXTH STREET, PHILADELPHIA.
1870.

Entered according to Act of Congress, in the year 1870, by the
REFORMED CHURCH PUBLICATION BOARD,
in the Clerk's Office of the District Court of the United States, in and for the Eastern District of Pennsylvania.

Vorrede.

FOLGENDE Gedichte, in Pennsylvanisch-deutscher Mundart geschrieben, erschienen ursprünglich im "Guardian." Dr. HARBAUGH wurde oft gebeten eine Sammlung derselben in Buchform herauszugeben, welches er auch beabsichtigte. Leider blieb dieser Wunsch seiner vielen Freunde durch seinen frühen Tod unerfüllt. HARBAUGH hat diese Gedichte geschrieben, nicht ich; allein er ist mir ein theurer Freund gewesen — ist es immer noch, obgleich im Jenseits. Dankbare Liebe zu ihm sowie zu dem Volk, in dessen Sprache er diese Lieder singt, bewegt mich dieses Werkchen herauszugeben. Auf vielen Seiten — in Amerika wie in Europa — ist der Wunsch für sein Erscheinen laut geworden. Den vielen Freunden, welche auf verschiedene Weise bei den Vorbereitungen des Unternehmens mitwirkten, sei hiermit herzlich gedankt. Namentlich Herrn E. D. LEISENRING, B. F. TREXLER, Pastor S. K. BROBST und Pastor A. J. G. DUBBS von Allentown, sowie Hrn. J. M. BECK vom "Reading Adler," der es unternahm die Schreibweise zu ordnen und der die Wörter-Tabelle im Anhang des Buches bereitete.

Die Holzschnitte sind alle nach Original-Zeichnungen angefertigt. Das alt Schulhaus, Die alte Miehl, die HARBAUGH'sche Heimath und Der alte Feierheerd wurden an Ort und Stelle, in Franklin County, von Herrn J. A. BECK von Harrisburg skizzirt. Die Bilder zum Kerchegang in alter Zeit und Heemweh zeichnete Herr DAN. DEVLIN von Reading, Pa. Der Ertrag des Verkaufs dieses Buches soll Dr. HARBAUGH's Familie zu gut kommen.

Diese Harfe giebt eine Darstellung des Volks- und Familien-Lebens der Deutsch-Pennsylvanier. Von der Wiege bis zum Grabe, aus der Familie, Schule und Kirche wird manches liebliche Bild gemalt. Möchte die lieben Leser bitten „Die Harfe" nicht an die Weiden zu hängen, sondern recht oft ihre schönen Klänge im Kreise der Familie ertönen zu lassen.

B. BAUSMAN.

Reading, Pa., Mai, 1870.

Inhalts-Verzeichniss.

	Seite
Einleitung,	7
Zum A'denke an Dr. Heinrich Harbaugh,	9
Das alt Schulhaus an der Krick,	13
Die neie Sort Dschent'lleit,	21
Der Belsnickel,	23
Der alte Feierheerd,	25
Die Schlofschtub,	31
Der reiche Herr im Deich,	37
Das Krischkindel,	39
Die alt Miehl,	45
Busch un Schtedtel,	51
Der Rejeboge,	53
Der Pihwie,	59
Der Kerchegang in alter Zeit,	61
Will widder Buwele sei",	65
Lah Bisness,	69
Heemweh,	77
The Old School-House at the Creek,	87
The Old-Time Hearth-Fire,	95
Home-Sickness,	99
The Old Sleeping Room,	106
Wortverzeichniss,	111

Verzeichniss der Bilder.

Wohnhaus der Eltern Harbaugh's, ... Vorderseite.
Das Alt Schulhaus an der Krick, ... *Seite* 12
Der Alte Feierheerd, ... 27
Die Alt Miehl, ... 44
Der Kerchegang in Alter Zeit, ... 63
Heemweh, ... 82

Einleitung.

HEINRICH HARBAUGH wurde den 28. October, 1817, nahe bei Waynsboro', Franklin County, Pa., geboren. In 1736 kam sein Ur-Grossvater, YOST HARBAUGH, aus der Schweiz nach Amerika. Er kaufte sich eine Bauerei „drei Meilen oberhalb der Maxatawny Creek," in Maxatawny Township, Berks County, Pa. Aus diesem Stamm wuchsen die Zweige der zahlreichen HARBAUGH Familie in Amerika.

HEINRICH HARBAUGH'S Vater, GEORGE HARBAUGH, war ein einfacher fleissiger Bauer. Seine Mutter war eine geborne Schneider, von Lancaster County, Pa. Beide Eltern gehörten zur Reformirten Kirche, in welchem Glauben sie ihre Kinder treu zu erziehen suchten. Sie hatten zwölf Kinder, wovon HEINRICH das zehnte war.

Von früher Jugend an hatte er eine Vorliebe zum Studiren. Er sollte Bauer oder Handwerker werden; allein er selbst fühlte sich zum Predigtamt berufen. Er blieb seinen Eltern getreu, und arbeitete fleissig als ein Ackersmann. Dabei aber liebte er Bücher, und sparte jeden Cent, um dieselben zu kaufen. Damals hatte man blos während etlichen Winter-Monaten Schule. In der übrigen Zeit studirte er nach Gelegenheit. Er hatte den Gebrauch, ein Buch in seiner Tasche nachzutragen. Beim Pflügen, während er die Pferde in der Furche ruhen liess, and Mittags während sie ihr Futter frassen, las er fleissig. Das Schulhaus für jene Gegend stand neben einem Bach, eine kurze Strecke von seiner Heimath. Seine Schul-Erfahrungen und Erinnerungen, bewogen ihn das "Schulhaus an der Krick" zu schreiben.

Endlich fühlte er sich durch einen Gewissens-Zwang bewogen, sich dem Studium zu widmen. Allein dazu fehlten ihm die Mittel. Er entschloss sich am Schreinerhandwerk zu arbeiten, welches er theilweise gelernt hatte, um sich das nöthige Geld zu verdienen. Sein Scheiden von dem elterlichen Hause wird in einem Bilde dieses Buches dargestellt. Wie er von dem Hof in die Kutsche steigt, steht seine weinende Mutter auf der Portsch, mit dem Schurz vor dem Gesicht.

Damals reiste er nach Ohio, wo er etliche Jahre lang abwechselnd als Schreiner arbeitete und in die Schule ging. Endlich konnte er als Student in Marshall College und das Theologische Seminar in Mercersburg, Pa., eintreten. Allein wegen Mangel an Mitteln musste er seinen Cursus in diesen Anstalten abkürzen.

Als Pastor bediente er drei verschiedene Gemeinden. Von 1843 bis 1850 war er Seelsorger der reformirten Gemeinde in Lewisburg, Pa. In 1850 folgte er einem Ruf von der ersten reformirten Gemeinde in Lancaster, Pa. Nachdem er zehn Jahre hier gewirkt hatte, wurde er Prediger der St. Johannis Gemeinde von Lebanon, Pa. In 1863 erwählte ihn die Synode der Reformirten Kirche in den Vereinigten Staaten als Professor der Theologie im Seminar zu Mercersburg, Pa.

HARBAUGH war während einem Jahr vor seinem Tode leidend gewesen. Am 28. December, 1867, entschlief er sanft in dem Herrn.

Er war zweimal verheirathet. Das erste Mal mit Mary Goodrich von Ohio, welche in 1847 starb. Das zweite Mal mit Mary Louisa Linn von Lewisburg, Pa. Er hinterlässt neben dieser sieben Kinder.

HARBAUGH war ein Kanzelredner ersten Ranges. Auch wurde er später als Theolog berühmt. Mit Anfang seines Amtes gründete er den "*Guardian,*" eine englische Monatsschrift, welche er für einen Zeitraum von 17 Jahren redigirte. Als Schriftsteller leistete er Vieles. Er schrieb 3 Bände über "The Future Life," oder das Leben der Seligen im Himmel; "The Life of Schlatter," 1 Band; "Fathers of the Reformed Church," 2 Bände; "The True Glory of Woman," 1 Band; "The Birds of the Bible," 1 Band, "Harbaugh's Poems," 1 Band; nebst einer Anzahl kleiner Schriften. Auch hat er einen Commentar über den Heidelberger Katechismus geschrieben, welcher wahrscheinlich das kommende Jahr im Druck erscheinen wird.

Obschon HARBAUGH beinahe ausschliesslich in englischer Sprache schrieb, war er doch von Haus aus ein sogenannter Deutsch-Pennsylvanier. In seinem väterlichen Haus wurde Pennsylvanisch-Deutsch gesprochen. Den eigenthümlichen Geist dieses Volkes saugte er von seiner frühesten Kindheit ein. Er liebte dessen Gebräuche, dessen kindlichen Sinn und dessen schlichte Frömmigkeit, und fühlte sich nirgends so wohl zu Haus als in den Familien und grossen deutschen Kirchen Ost-Pennsylvaniens. Bei seinen Besuchen unter diesem Volk bemühte er sich jedesmal, etwas aus dessen geschichtlichem Leben zu sammeln und aufzubewahren.

Die Ost-Pennsylvanier lernten ihn herzlich lieben. Wenn er predigte, strömte das Volk in Schaaren herbei. Seine Predigten waren tief und doch einfach, gründlich und doch verständlich. Er war ein Auswuchs aus ihrem eigenen Leben. Als Pennsylvanish-deutscher Dichter musste er Bahn brechen. Man war damals noch nicht einig darüber, ob diese Sprache einen besondern Dialekt bilde. Er schrieb für das Volk in der Volkssprache, und das Volk las seine gemüthvollen Gedichte an den Feuerheerden und lachte und weinte darüber.

Sein Tod machte einen tiefen und traurigen Eindruck auf seine zahlreichen Freunde englischer und deutscher Zunge. Sonntags nach seinem Heimgang verkündete mancher Prediger der Gemeinde von der Kanzel, mit Thränen in den Augen: „Unser lieber Bruder HARBAUGH ist in die Ruhe gegangen." Nebst dem Leichen-Gottesdienst, welcher in Mercersburg gehalten worden, wurden in vielen grossen Gemeinden Ost-Pennsylvaniens, in gedrängten Kirchen, besondere Leichenreden gehalten, wo Thränen der trauernden Liebe reichlich flossen. Als ein Zeichen dieser allgemeinen Trauer geben wir folgendes Gedicht, welches damals erschien.

B. B.

ZUM A'DENKE AN DR. HEINRICH HARBAUGH.

VOM EHRW. C. Z. WEISER.

Dei' Harf hengt an der Wand im Eck;
Die Schpinne, die webt 'n Drauer-Deck,
   Mit Schtaab schwerzt sie es aus.
Die Schrauwe all minanner los;
Die Seede waxe zu mit Moos —
   Der Senger is vum Haus!

Wie ungern sag' ich, was ich meen!
Doch du kumscht ewig nimme heem,
   So lang die Welt noch schteht!
Dann du warscht allfart frieh un schpoht,
Un dei' Harf wār net so vergroht,
   Sie war dir nie verleedt.

Ich meen ich dhet ah, wann ich schteh
Und an die Wand in's Eck nei' seh,
    En Liedche heere geh'!
'S is wie 'n Orgel an're Leich,
Gans duhs un doch in Droscht so reich —
    'S is traurig, aber schee'!

Dess is — so bild ich mir gern ei',
Un 's kennt ah werklich Wohret sei'—
    Dei' Loblied wo ich heer';
Das iwwer die gans Kerch ergeht
Un aus so gar viel Herze weht,
    Als dei' verdiente Ehr'.

M'r lest ah heifig in der Schrift,
Dass nooch sei'm Dodt 'n frommer Krischt
    Zerick losst en Echo;
Sei' Erwet schtoppt, doch schterbt er net,
Er ruht un draamt schee' in sei'm Bett —
    Sei' Werke folge no'h!

So scheint mer's juscht as ob ich kennt
Die Weis noch heere wann am End
    Vum Lied der Singer schtoppt.
'S Schneckhorn weht als fort vum Meer,
Wann's Dhierle hauss is, un es leer
    Im dunkle Eckschank hockt.

Ich nemm die Harf dann vun d'r Wand,
Un trag sie sachte in der Hand
    'Naus uf der Weide Baam!
Sie schpielt dei' Loblied prächtig dort,
Zu dei'm A'denke immerfort,
    Wie imme siese Draam.

Du kummscht ah nimmemeh dervor,
Du g'heerscht nau zumme annere Khor,
    Dort b'halte sie dich ah.
Dort hot dei' Lied en anneri Art,
Sei' Harf is nei un himmlisch zart —
    'S sin dausent Seede dra'!

Leb wol, du liewer guter Mann!
Sing fort vum Moses un vum Lamm,
    Mit gute Krischte all';
Mir weile noch en wenig do,
Dann kummt dir Eens ums Anner no'h —
    Ja, wer wees ah wie bal'!

Das Alt Schulhaus an der Krick.

Harbaugh's Harfe.

DAS ALT SCHULHAUS AN DER KRICK.

HEIT is 's 'xäctly zwansig Johr,
    Dass ich bin owwe naus;
Nau bin ich widder lewig z'rick
Un schteh am Schulhaus an d'r Krick,
    Juscht neekscht an's Dady's Haus.

Ich bin in hunnert Heiser g'west,
    Vun Märbelstee' un Brick,
Un alles was sie hen, die Leit,
Dhet ich verschwappe eehig Zeit
    For's Schulhaus an der Krick.

Wer mied deheem is, un will fort,
    So loss ihn numme geh'—
Ich sag ihm awwer vorne naus
Es is all Humbuk owwe draus,
    Un er werd's selwert seh'!

Ich bin draus rum in alle Eck',
    M'r macht's jo ewwe so;
Hab awwer noch in keener Schtadt
Uf e'mol so viel Freed gehat
    Wie in dem Schulhaus do.

Wie heemelt mich do alles a'!
    Ich schteh, un denk, un guck;
Un was ich schier vergesse hab,
Kummt widder z'rick wie aus seim Grab,
    Un schteht do wie en Schpuck!

Des Krickle schpielt verbei wie's hot,
    Wo ich noch g'schpielt hab dra';
Un unner selle Hollerbisch
Do schpiele noch die kleene Fisch,
    So schmärt wie selli Zeit.

Der Weisseech schteht noch an der Dhier—
    Macht Schatte iwwer's Dach:
Die Drauwerank is ah noch grie'—
Un's Amschel-Nescht—guk juscht mòl hi'—
    O was is dess en Sach!

Die Schwalme schkippe iwwer's Feld,
    Die vedderscht is die bescht!
Un sehnscht du dort am Giebeleck
'N Haus vun Schtopple un vun Dreck?
    Sell is en Schwalme-Nescht.

Die Junge leie allweil schtill,
    Un schlofe alle fescht.
Ward bis die Alte kriege Werm
No'd herscht du awwer gross Gelerm—
    Vun Meiler in dem Nescht!

Ja, alles dess is noch wie's war
    Wo ich noch war en Buh;
Doch anner Dings sin net meh so,
For alles dhut sich ennere do
    Wie ich mich ennere dhu.

Ich schteh wie Ossian in seim Dhal
    Un seh in's Wolkeschpiel,—
Bewegt mit Freed un Trauer—ach!
Die Dhrene kumme wann ich lach!
    Kanscht denke wie ich fiehl.

Do bin ich gange in die Schul,
    Wo ich noch war gans klee';
Dort war der Meeschter in seim Schtuhl,
Dort war sei' Wip, un dort sei' Ruhl,—
    Ich kann's noch Alles seh'.

Die lange Desks rings an der Wand—
    Die grose Schieler drum;
Uf eener Seit die grose Mäd,
Un dort die Buwe net so bleed—
    Guk, wie sie piepe rum!

Der Meeschter watscht sie awwer scharf,
    Sie gewe besser acht:
Dort seller, wo lofletters schreibt
Un seller, wo sei Schpuchte treibt,
    Un seller Kerl wo lacht.

Die Grose un die Kleene all
    Sin unner eener Ruhl;
Un dess is juscht der rechte Weg:
Wer Ruhls verbrecht, der nemmt die Schleg,
    Odder verlosst die Schul.

Inwennig, um der Offe rum
    Hocke die kleene Tschäps,
Sie lerne artlich hart, verschteh,
Un wer net wees sei' A B C —
    Sei' Ohre kriege Räpps.

S'is hart zu hocke uf so Benk —
    Die Fiess, die schteh'n net uf—
En Mancher kriegt en weher Rick
In sellem Schulhaus an der Krick,
    Un fiehlt gans krenklich druff.

Die arme Drep! dort hocke se
    In Misserie — juscht denk!
Es is kee' Wunner — nemm mei Wort —
Dass se so wenig lerne dort,
    Uf selle hoche Benk.

Mit all was mer so sage kann,
    War's doch en guti Schul;
Du finscht keen Meeschter so, geh, such—
Der seifre kann darch's ganze Buch,
    Un schkippt keen eeni Ruhl.

Bees war er! ja, dess muss ich g'schteh;
    G'wippt hot er numme zu;
Gar kreislich gute Ruhls gelehrt
Un wer Schleg kriegt hot, hen se g'heert,
    Hot eppes letz gedhu'.

Wann's Dinner war, un Schul war aus,
    Nor'd hot mer gut gefiehlt;
Dheel is 'n Balle-Gehm gelunge,
Dheel hen mitnanner Rehs g'schprunge,
    Un Dheel hen Sold'scher g'schpielt.

Die grose Mäd hen ausgekehrt—
    Die Buwe nausgeschtaabt!
Zu helfe hen en Dheel pretend,
Der Meeschter hot sie naus gesendt:
    Die Ruhls hen's net erlaabt.

Die kleene Mäd hen Ring geschpielt
    Uf sellem Waasum da;
Wann grose Mäd sin in der Ring—
'S is doch en wunnervolles Ding!—
    Sin grose Buwe ah!

Die Grose hen die Grose 'taggt,
  Die Kleene all vermisst!
Wie sin se g'schprunge ab un uf,
Wer g'wunne hot, verloss dich druf,
  Hot dichdiglich gekisst!

Am Chrischdag war die rechte Zeit —
  Oh wann ich juscht dra' denk!
Der Meeschter hen mer naus geschperrt,
Die Dhier un Fenschter fescht gebärrt—
  "Nau, Meeschter, en Geschenk!"

Nor'd hot er awwer hart browirt,
  Mit Fors zu kumme nei';
Un mir hen, wie er hot gekloppt,
'N Schreiwes unne naus geschtoppt,
  "Wann's seinscht, dann kannscht du rei!"

Nau hot der Meeschter raus gelänst,
  Gar kreislich schiepisch 'gukt!
Eppel un Keschte un noch meh',
'S war juschtement in fäct recht schee',
  Mir hen's mit Luschte g'schluckt.

Oh wu sin nau die Schieler all,
  Wo hawe do gelernt?
'N Dheel sin weit ewek gereest,
Vum Unglick uf un ab gedscheest,
  Dheel hot der Dodt geärnt!

Mei Herz schwellt mit Gedanke uf,
　　Bis ich schier gar verschtick!
Kennt heile, 's dhut m'r nau so leed,
Un doch gebt's mir die greeschte Freed,
　　Dess Schulhaus an der Krick.

Gut bei! alt Schulhaus — Echo kreischt
　　Gut bei! Gut bei! zurick;
O Schulhaus! Schulhaus! muss ich geh',
Un du schtehscht nor'd do all allee',
　　Du Schulhaus an der Krick!

Oh horcht, ihr Leit, wu nooch mir lebt,
　　Ich schreib eich noch des Schtick:
Ich warn eich, droh eich, gebt doch Acht,
Un nemmt uf immer gut enacht,
　　Des Schulhaus an der Krick!

DIE NEIE SORT DSCHENT'LLEIT.

O HEERT, ihr liewe Leit, was sin des Zeite;
  Dass unser eens noch dess erlewe muss!
'N jeder Baurebuh muss Kärridsch reide,
Un Baure-Mäd, die schleppe rum in Seide,
  Un Niemand nemmt an all dem Schtolz Verdruss.

'N eegne Boghie hot 'n jeder Baurebuh,
  'N schpreier Gaul un G'scherr mit Silwerb'shlege druf,
Un plenti Zehrgeld ah im Sack,— do is kee' Ruh,
Am Samschdag gehn die Dschent'lleit 'm Schtedt'l zu
  Un schtelle dort am deirschte Wertshaus uf.

Wie is des junge Baurevolk doch ufgedresst,
  Wie heewe se die Kepp so schteif un hoch!
Wie dhun se in die schtolze Fäsch'ns renne,
M'r kann se nimme vun de Schtadtleit kenne,
  Sie mache all ihr Hochmuths-Wege nooch.

D'er Vatter denkt: Was hab ich schmärte Sehne,
  Die Mutter sagt: Mei Mäd die kumme raus!
So Schteil koscht Geld. Ja well, m'r kann jo lehne.
Sell geht 'n Weil, bass uf, du werscht's ball sehne,
  Der Vatter "geht d'r Bungert Fens ball 'naus."

Vor Alters war es als en Sinn un Schand,
   Meh' Schulde mache as m'r zahle kann;
'Sis net meh so: m'r gebt juscht Notis dorch die Editors
M'r het geclos't, un dhet cumpaunde mit de Creditors,
   Wer so betriegt, der is en Dschent'lmann.

Wie lebt m'r nau? Ich sehn du weescht noch nix!
   M'r lebt juscht wie d'rvor: des fixt die Lah!
M'r eegent nix — die Fraa hot's all in Hand —
M'r is ihr Edschent, mänedscht Geld un Land
   Un geht nau in die Koscht bei seiner Fraa!

DER BELSNICKEL.

O KENNSCHT du den wieschte, den gaschtige Mann?
    Hu!—derf m'r den Kerl e Mensch heese?
Ja, dass er en Mensch is mag glaawe wer kann,
    Er gukt mir zu viel wie der Beese!

Seh juscht 'mol sei' Aage, sei Naas—alle Welt!—
    Er dhut 's Maul uf un zu wie die Scheere;
'N Schwanz wie 'n Ochs, ja, des hot er, gelt?
    Un en horiger Belz wie die Bäre.

Kummt der in dei' Haus, dann gebt's Lärme genunk,
    Er sucht die nixnutzige Kinder!
Un find 'r eens, geht er uf eemol zum Punkt,
    Un dengelt gar bumm'risch die Sinder.

Er schtellt sich do hi' mit d'r forchtbare Rudh,
    Un brummelt sei' drohende Rede;
Do werre die Kinner uf eemol arch gut
    Un fange recht heftig a' bete!

War eens—wie's manchmol der Fall is—recht knitz;
    Wollt d' klee' Fitz der Mutter verschpettle:
Ich wett, es lacht net for d'r Belsnickelfitz—
    Es dhut um gut Wetter gschwind bettle.

Nau schittelt d'r Belsnickel grausam sei' Sack,
    Raus falle die Kuche un Keschte;
Wer gut is, kann lese,—wer schlecht is, den—whack!—
    Den schmiert 'r mit Fitzeel zum Beschte.

Vum Belsnickel hab ich nau ebbes gelernt,
    Des wer' ich ah nie net vergesse:
Nooch dem dass mer se't werd eem ah in der Aernt
    Die Frucht vun seim Werk ausgemesse.

DER ALTE FEIERHEERD.

DIE alte Dichter lowe schmärt
'S Holsfeier uf'm Feierheerd;
Ihr Schreiwes heemelt unser eem —
Ich les 's gern — es kummt mir heem!
'S is mir wie aus 'm Herz geredt;
Ich fiehl wie wann ich's sehne dhet.

'S is heitsedag net meh' der Fall;
Kohleffe sehnt mer iwerall
Un bei de Leit dass recht hoch schtehn
Is net emol en Feier zu sehn!
Du schtaunscht? 's is so — verloss dich druff —
Die Hitz kummt aus'm Keller ruff!

Do is m'r oft recht iwel dra';
Wo sitzt m'r hi'? — wo gukt m'r na'?
G'wohnt is m'r an die alte Leier
Un nix scheint recht — m'r gukt for's Feier!
Wek mit so Fäschens — 'sin nix werth —
Geb mir der alte Feierheerd.

For seller Platz trag ich im Herz
Fascht immerfort 'n Heemweh-Schmerz;
Was ich ah dhu, wo ich ah bin,
Dort gehne mei' Gedanke hin.
Es bleibt m'r immer lieb un werth
Der alte, warme Feierheerd.

Der Hinnerklotz war dick un rund,
Un vorne dra' die Feierhund,
Uf selli dhut m'rs kleenere Hols,
Nor'd schteigt die Flamm gar hell un schtolz;
Un wann d'r Schtormwind drausse haust,
Wie dann d'r Zuhk im Schornschtee' braust.

Im Vorroth hot m'r Hols bereit
Un ufgepeilt uf eener Seit;
Un driwe schteht, nach alter Ruhl,
Der gutgewor'ne Schieneschtuhl.
Die Zang un Schaufel hen ihr Zweck;
M'r schtellt sie dort in's Schornschtee' Eck.

Sell Mäntelbord — was halt's so viel! —
Die Lichterschteck un Kaffemiehl,
Die Biegeleise, gross un klee',
Seht m'r dort all beisamme schteh';
Die Schwewelhelzer noch d'rzu —
M'r kennt net ohne selli dhu!

Was ich ah dhu—wo ich ah bin—
Dort gehne mei Gedanke hin,
Es bleibt m'r immer lieb un werth
Der alte, warme Feierheerd.

Nau wammer Owets sitzt un gukt
Wie's doch dort in de Kohle schpukt!
Es glieht un schtrahlt—weiss, schwarz un roth—
Nau gans lewendig, un nau dodt;
M'r gukt un denkt — m'r werd gans schtill,
Un kann juscht sehne was m'r will!

Wie schee' wammer der Owet schpendt
Am Feier bis es nunnerbrennt;
M'r meent die Kohle suche Ruh,
Die Weissesch dschillt un deckt sie zu;
Sie gewe sich so dreemisch hin,
Wie Aage, wann se schläfrig sin!

Hot m'r 'n g'wisser Freind beiseit,
M'r sehnt viel meh' bei solcher Zeit!
Wann zwee mitnanner guke, scheint
Das Heerdfeier herrlich, guter Freind!
Un bischt du eens vun sellem Paar,
Dann sagscht net gern, wer's anner war!

Do heest's, es werre Junge oft,
Wie gans vernaddert, unverhofft!
Sie sehne in der Kohlegluth
'N Haus vor sich — 'n scheenes Gut —
Un wolle mitenanner fort
Zu hause an dem scheene Ort.

Ich glaab net viel an Hexerei—
Mag sei', 's is eppes so debei!
Eens wees ich awer gans gewiss:
Es gebt keen Platz wie seller is;
Er schpukt m'r immer vor dem Herz
Un weckt 'n Art vun Freedeschmerz.

Denk ich an sell alt Mäntelschtick,
Dann kummt mei' Kindheet widder z'rick;
Dann lebt der gute Vater noch—
Dann is die Mammi widder Koch!
Un die Geschwischter—all zerschtreit—
Versammle an der Owetzeit!

Vor mir 'n Buwele, zart un klee',
Liegt's Lewe widder wunnerschee'!
Die Hoffnung lächelt freedig fort
Wie's Bildwerk an de Kohle dort!
Hier haw' ich was mei'm Herz gefellt,
Loss brause drauss die rauhe Welt!

DIE SCHLOFSCHTUB.

ALS Pilger geh ich widder hin
In's Haus, wo ich gebore bin —
  Do tret m'r awer leis!
Mei Herz tregt wie 'n heilig Ding,
Die G'fiehle, die ich mit mir bring,
  Heem vun der lange Reis!

Was is mer des 'n g'wohnter Weg
Zum zwette Schtock, uf däre Schteeg;
  Wie oft bin ich do nuf!
Wie's sellmol war, so is es noch —
Im Waschbord dort 'n Knorreloch:
  Guck mol! es schteht noch uf.

Nein Treppe —'s braucht kee' Zehles do —
Ich wett dich was du wit, 's is so —
  Juscht vier hot sell klee' Schteeg.
Der Riegel hot uns Schpass gemacht;
M'r Buwe hen do g'rutscht un g'lacht —
  Der Däd war net um d'Weg.

Sell Fenschter dort — guck juscht mol hi —
Die Läde g'macht vun Lettcher grie',
    Wie immer sin noch zu;
Un's Owetlicht fallt in d'r Gang
So schpuckig bleech —'s werd m'r schier bang—
    Was ich doch fiehle dhu!

Bal bin ich froh, bal dhut's m'r leed,
So halb in Forcht, so halb in Freed,
    Geh ich die Treppe nuf!
Die Dheer grad owe an der Schteeg —
Mit Seifze ich die Schlenk a'reg,
    Mit Dhreene mach ich uf!

Du alti Schtub! wie manche Nacht
Hab ich im Schlof do zugebracht,
    Wo ich noch war en Kind!
In sellem Eck, dort war mei Bett;
Wann ich's vergesse kennt — wär's net
    'N arge Schand un Sind!

Wie hot m'r g'schlofe selli Zeit,
So find m'rs net bei grosse Leit —
    Ich schlof ah nimme' so;
Viel Johre mache's Kisse hart,
D'no leit m'r ewe wackrig dort —
    M'r is net meh so froh!

DIE SCHLOFSCHTUB.

Der Mond is uf — er is juscht voll —
'R piept zum Fenschter rei — guck mol —
    Un scheint uf's Bett un Floor.
Was regt sich an der Wand? ich glaab,
'S is Schatteschpiel von Babblelaab:
    So hab ich's g'seh' zuvor.

'S is Alles schtill, es regt sich nix,
Juscht nau am Fenschter kreischt 'n Kricks
    In seller hohle Sill;
Horch! dart im Schank die Dodteuhr!
Wees woll es is en Holzworm nur;
    Doch wott ich, er wär schtill.

Wann's G'schpenschter gebt — ich denk es dhut —
Der Platz, die Zeit, die wär grad gut;
    Sie sin verleicht ah hier!
Ich sehn mit Aage wol nix so,
Doch fiehl ich als wär Ebbes do;
    Wie fei'rlich werd's doch mir!

Ja, Geischter sin's vom Kindheets-Kreis;
Sie kumme heilig, sanft un leis
    Iwer die Johre' bei.
Sie schpiegle vor mei'm Herze dar
Die frohe Zeit, die sellmol war,
    Un kann nau nimme' sei'!

'S sin Unschulds-Geischter, froh un schlicht
Sie wandle do im Mondelicht,
    Sie danse' an der Wand;
Will wette', Engel sin net weit
Von unsre scheene Kinnerzeit,
    Die lei't an's Himmels Rand!

So Geischter sin uns Mensche' gut,
Wie's ah die Biwel sage' dhut,
    Do zweif'l ich ewig net;
Sie wache, dass uns Nachts nix blogt,
Wann mer sei' „Unser Vater" sagt,
    Bevor m'r geht in's Bett.

Dess hot die Mammi fescht behaabt,
Mir Kinner hens ah so geglaabt,
    M'r hen ah so gedhu'.
Du sagscht verleicht: „Des ganse Ding
Is weiter nix als Einbilding"—
    Dummheet! was weescht dann du?

Bei 'mir hot's doch recht gut gedhu';
Ich macht' dann ah die Aage' zu,
    Un ruhig war die Nacht.
Ich dhu's ah noch, un's geht noch gut,
Ich glaab gewiss, dass wer des dhut,
    Der hot 'n Engelswacht.

Hab oft gewott—verleicht is's Sind—
Ich wär als noch juscht so'n Kind,
    Wie sellmol an dem Ort.
Doch will ich b'halte, wann ich kann,
Die Kindheetsunschuld in 'm Mann;
    D'noh lebt's Kind in m'r fort.

Ei guck, wie schnell der Mond nuf eilt;
Wie lang hab ich mich doch verweilt!
    Ich muss nau widder geh'.
Gut Nacht, klee' Stübche'! halt, ich meen
'S wär Ebbes in mei'm Aag—'n Dhreen!
    Der Abschied, der dhut weh!

DER REICHE HERR IM DEICH.

DER Bauer Batdorf war gar reich,
    Un schrecklich schtolz dabei;
Es war keen Land im ganze Deich
    Wie's Batdorf's Bauerei.

Bei'm Batdorf war en deitscher Knecht,
    Der war net juscht so dumm;
Hot g'wisst was letz is, un was rècht,
    Was grad is, un was krumm.

„Ich hab'," sagt Batdorf zu sei'm Knecht,
    „Das beschte Land im Deich;
Von dir ich nau 'mol wisse mecht,
    Warum bin ich so reich?"

„Ei ja," sagt Hans, „des wees ich wol."
    „Loss here—wie?—warum?"
„Ich wees net, ob ich's sage soll—
    Du schlegscht mich schteif un krumm!"

„Dei Antwort is mir eweviel,
    'S macht mich g'wiss net bees;
Ich bin die fett Maus in d'r Miehl',
    Die Katz am grosse' Kees!

„'Raus mit d'r Farb', mei' schmärter Knecht,
    Was macht mich Herr vum Deich?
Ich doch dei' Meening wisse mecht',
    Warum bin ich so reich?"

„Well, wann ich muss, dann muss ich, denk,
    Ich dhu's gewiss net gern;
Du hoscht die Schuld, wann ich dich krenk,
    Mei' reicher Herr verzern!

„Als Krischtus in der Wieschte war,
    Da kam der Satan nah,
Un hot ihn dort versucht sogar,
    Er soll ihn bete' a'.

„Un wann er's dhet, dann keem ihm zu
    D'r Reichdhum aller Welt!
D'r Heiland hot ihn abgedhu':
    Wek, Satan, mit dei'm Geld!

„Domols warscht du net weit ewek—
    Heerscht dem Propos'l zu,
Fallscht uf dei' Knie un rufscht gans keck:
    Horch, Satan, ich will's dhu!

„Darum sitscht du in fetter Weed,
    Un bischt d'r Herr im Deich,
Wann m'r den Satan so anbet',
    D'noh macht er Eem gern reich."

DAS KRISCHKINDEL.

O DU liewer Kindheeds-Krischdag!
    Lebscht noch wack'rig in mei'm Herz;
Denk ich an dich, was 'n Pulsschlag
    Fiehl ich, was en Heemweh-Schmerz!
Dunkle Wolke sehn ich henke
    Zwische mir un seller Zeit;
Du scheinscht awer in mei'm Denke
    Beschtes Licht der Kindheeds-Freid.

Ja, ich sehn der Krischtbaam funkle,
    Schmunzle an der Schtuwe Wand;
Was en Licht war sell im Dunkle,
    Himmel schee' im Erdeland.
Wer kann zehle die Geschenke,
    Niss un Zucker allerlei!
Muss m'r schtaune, muss m'r denke,
    Wer schafft all' die Sache bei!

Dess war schur des gut Krischkindel,
    Es hot alles dess gemacht;
Heerscht du net sei' Belleklingel
    In der schtille Krischdag Nacht?
Iwer Berge, Hiwwel, Fense
    Jagt es mit sei'm Schlitte bei;
Schtoppt am Haus un schluppt gans sacht'
    Mit sei'm Sack am Schornschtee' nei'.

'S is Alles schtill! Die Kinner schtecke
    Schnock im Bett un draame schee';
Santa Claus werd sie net wecke,
    Er dhut all sei' Sach allee';
Hengt d'r Baam mit scheene Sache,
    Schleicht herum im ganse Haus,
Legt sei' Gabe 'raus mit Lache,
    'Un dann—Ho!—zum Schornschtee' naus!

Mecht den Wunnermann 'mol sehne,
    Doch er is zu schlick un schlau!
Schmohkt un lacht er, wie Leit meene?
    Is sei' Bart so lang un grau?
Hot er Backe roth wie Eppel?
    Is sei' G'sicht so breed un fett?
Hengt sei' lang Haar imme Zeppel?
    Is er so gar kreislich nett?

Un sei Renndhier—acht im Schlitte!
  Ach, ich mecht ihn sehne geh';
Dess is g'fahre, dess is g'ritte,
  Iwer Froscht un Eis un Schnee!
Er dhut bei sich selwer lache,
  Net weil's fahre geht so gut;
Awer weil er so viel Sache
  An der Kinner Krischtbaam dhut.

Dheel Leit meene, dess wär Fawel,
  Es wär keen Krischkindel so;
Vegel peifen nach dem Schnawel,
  Schlohe Krischte glaawe schloh.
Ich hab es noch nie gesehne
  In der heil'gen Krischtennacht;
Doch sehn ich den Krischtbaam funkle,
  Sag ich: es hot dess gemacht.

Sei gegriesst, du scheenes Mennle,
  Bleiwe immer frisch un jung;
Deine Giete, deine Wunner
  Singt jo jede Kinnerzung.
Komme wieder — komme ewig
  Komme freidig, sanft un sacht;
Zier' d'r Krischtbaam for die Kinner
  In der heil'gen Krischtdag Nacht!

En alt Gebei, das dort im Schatte kiehl,
Recht mitte in de geele Weide schtcht —
Sell is die gut altfäschen Kunne-Miehl.

DIE ALT MIEHL.

DORT unne in der Wälli an der Krick
    Sehnscht du 'n Grup vun geele Weide schteh'?
Sehnscht ah 'n Toolhaus un en Tornpeik Brick,
    Wo lange Babble schiesse in die Heh?
Un sehnscht dorch's Silwer Weidelaab Geschpiel,
    Wann juscht der Wind die Nescht 'n wenig weht—
En alt Gebei, das dort im Schatte kiehl,
    Recht mitte in de geele Weide schteht?
Sell is die gut altfäschen Kunne-Miehl.

Ihr Dach geboge wie 'n g'sunke Grab,
    Die schwarze Schindle halb gedeckt mit Moos,
Die Wend geschteipert—'sin verschprunge, glaab—
    Ja, werklich, aus de Kräcks wakst frisches Gras.
Die triewe Fenschtre, mit Geweb bedeckt,
    Vun Schpinne Neschter, mache schpukig Licht;
Un wo 'n Scheib verbroche is, dort schteckt
    En alter Hut, der dhut sei' letschte Plicht.
Was doch des ganse Ding Gedanke weckt!

Un sehnscht owig der Miehl en Weide Roi?
    Sie schlängelt dort so schreeks am Hiwel hi',
Uf eener Seit die Wiss. Wie schee' im Mai
    Die Vegel singe dort, vergesst m'r nie!
Sell is der Rees. Dort hab ich oft geschpei't
    Muschkrotte, Schlange an de griene Bänks;
Sie leie schlefrig uf der Summer Seit;
    Nor'd wammer se verschreckt, gebt's awer Pränks.
Sie hasse Buwe meh' wie grosse Leit.

Die Miehl! 'n Schtick vum Dach schteht owe naus;
    Dort hengt 'n Schtrick, den lupt m'r an die Seck;
Sell hebt sie schee' vum Wagebett heraus,
    Un heist se händig in die owere Schteck.
Sell is 'n arg gut Ding—es sehft viel Mieh:
    Nau hot der Miller net viel Druwel meh;
Inwennig is es ah gefixt gans nei;
    Der Weeze nau laaft selwer uf die Schtee'
Un 's Mehl kummt unne 'raus, vun Kleie frei.

Es is blessirlich in die Miehl zu geh',
    Abbattig wammer warte soll uf's Mehl;
Nor'd hot m'r Zeit un kann recht alles seh',
    Sell is for Buwe als des beschte Dheel.

Dann geht m'r an d'r Damm un fischt en Weil,
    Un macht sich Peife vun de Weide Beem,
Sell macht der Z'rickweg nor'd zur kleene Meil;
    M'r hockt sich uf der Sack un peift sich heem:
D'r Gaul kann langsam geh', 's hot jo kee' Eil.

Der Miller war ebaut en neiser Mann;
    Er hot eem gern sei' Gärt un Angle g'lehnt,
Un so sei' Messer; ja, ich muss, ich kann
    Geschteh', er hot's mit Buwe gut gemeent
Un ehrlich war er ah, bis uf der Sent.
    Bei'm Mister Braun war kee' Verdacht,
Sei' Buschel un sei' Toolbox, wie mer's nennt,
    Hen alles gans recht an der Mann gebracht,
Un wie er's g'saat hot, so war's juschtement.

Es war net alsfort so in sellere Miehl!
    So sage ennihau schier alle Leit.
'S muss Eppes dra' sei', for m'r heert gar viel
    Wie's dort g'driewe war in frieherer Zeit.
Es heest, 'n schlechter Mann mit Name Reischt,
    Het falsch gewoge, falsch gemesse dort!
Un endlich het en schwarzer beeser Geischt,
    Mit Leib un Seel 'mol Nachts der Miller fort!
Heer' dess, Betrieger, wo un wer du seischt!

Guk, owe an der Dheer, dort fehlt en Scheib —
　　Es heest m'r dhut umsunscht en neies nei'!
Der Reischt hot noch kee' Ruh, un in sei'm G'treib
　　Kummt er als Nachts an sellem Scheibloch rei'!
Hab oft mit Wunner an sell Loch gegukt;
　　For alle Leit hen fescht geglaabt, dass noch
Der Reischt in seller alte Miehl 'rum schpukt,
　　Un aus un ei' geht an dem Scheibeloch!
Die Zeiding hot emol dervu' gedruckt!

Nekscht an der Miehl wohnt noch en alte Fraa,
　　(Sunscht heert m'r vun der Sach nau weiters nix)
Sie sagt der Reischt wär als noch iwel dra'
　　Un dragt am Hals noch zwee grosse Fifty-six!
Er jummert Nachts! un ruft aus—„Tool, Tool, Tool!"
　　Bald schtosst er aus die schauerlichschte Fluch!
Bald bet er—„O mei' Seel, mei' Seel, mei' Sool!"
　　Bald kratzt er eppes in sei'm Ledscherbuch!
Un sagt—„Dess is net mei'! dess haw ich g'schtohl'!"

'S mag sei' wie's will—wer in die Biewel gukt
　　Sehnt, dass Betrug am End sei' Elend find.
Un wann der Reischt ah in der Miehl net schpukt,
　　So biest sei' Seel' doch for sei' wieschte Sind'.

Die Gnade dauert aus die Gnadezeit;
    Un 's geht daher en Weil verleicht recht gut;
Doch endlich treibt's der beese Mensch zu weit!
    Wann er sei' letschte Schtreech Gottloses dhut,
Nor'd kummt die Pein in langer Ewigkeit!

BUSCH UN SCHTEDTEL.

DHEEL Buschleit hen keen Luscht deheem,
    Sie hänkere' nooch der Schtadt;
Vor mei' Dheel, ich hab immer noch
    Kee' Noschen so gehatt.

'S mag gut genung im Schtedtel sei'—
    Geb mir das griene Land;
Do is net alles Haus un Dach,
    Net alles Schtroos un Wand.

Was hot m'r in der Schtadt vor Freed?
    'S is nix as Lärm un Jacht,
M'r hot kee' Ruh de' ganse Dag,
    Kee' Schloof die ganse Nacht.

Die Buwe guke matt un bleech;
    Die Mäd sin weiss un dinn;
Sie hen wol scheene Kleeder a',
    'S is awer nix rechts drin.

Die Schtadtleit sin zu zimberlich;
    Sie rege schier nix a';
Sie brauche' net ihr weisse Hend,
    Aus Forcht, 's kummt eppes dra'!

Mir is zu wenig Grienes do,
    Kee' Blumme un kee' Beem;
Wann ich 'n Schtund im Schtedtel bin,
    Dann will ich widder heem.

DER REJEBOGE.

IN d'r scheene Natur sin gar viel scheene Sache,
  Die Blumme, wo bliehe, die Kricklen, wo lache,
Die Vegel, wo singe, die Wolke, wo fliege,
Die Wasser, wo herrlich im Sunnelicht liege,
Die Dhäler, die Hiwle, die Felder un Wisse,
Die Berge, die schier gar der Himmel dhun kisse;
Bin ich awer nau net gar kreislich betroge,
So biet se bei weitem der schee Rejeboge!

Was macht er abattige Freed for die Kinner! —
Wees dess, wann ich mich an mei' Kindheed erinner.
Die Sunn is ah schee, awer sie is m'r g'weehnt,
So Schterne un Mond, die m'r alle Nacht sehnt;
Wees wol, dass die Calennermacher dhun melde,
Das were gar grosse, erschtaunliche Welte:
'S mag sei' wie sie sage — un wär er ah kleener,
Ich b'schteh druff — der Boge is dausent mol scheener.

Wann Dunner un Wetter im Summer gehn iwwer,
Dann kanscht du was sehne am Himmel, mei' Liewer,
Es hebt sich des Wetter im Weschte en wenig,
Nor'd gukt die Sunn 'raus wie 'n glorreicher Keenig;
Dann gebt's in ihr Schtrahle en Droppe-Gewimmel
Un dort schteht der Boge im dunkele Himmel!
Een Fuhs uf de Berge, un een Fuhs im Dhale,
Den Schoh kanscht du sehne un brauchscht nix bezahle!

Filosofers, die sin gar weis heitsedage,
Un hen hoche Dinge vum Boge zu sage:
„Des is die Natur — die dhut all dess so mache."
Ihr grosses Geplapper macht mich numme lache!
Was geb ich um all ihre dumme Natur;
Mei' Boge messt keener mit so eener Schnur;
Sie schwetze mir gut — es is alles geloge,
For niemand als Gott macht d'r schee' Rejeboge!

Horch net uf die G'lernte, loss sie numme schwetze.
Sie roppe dir juscht alles Scheene in Fetze;
Wek, wek mit dem g'scheide Geprall un Gedengel,
Glaab liewer, d'r Boge sei Brick for die Engel!
Eens wees ich g'wiss, dorch ihn dhut Gott kunde
Sei Zeiche der Liewe im ewigen Bunde:
So lang dass der Boge am Himmel dhut schtehe,
Kann nie meh die Erde mit Wasser vergehe!

Sell schteht in der Biwel, sell is ewig sicher!
Ihr G'lernte ihr kritzelt m'r gut in eier Bicher,
Macht numme eier Dafeln, eier Muschter un Dinge,
Zu zeige wie dess die Natur dhut vollbringe;
Weisst mir eier armselig Gettle vun G'setze,
Ich will's mit der Biwel vum Drohn herab setze!
Weit iwwer dem Himmel will ich en Gott zeige,
Der eier Gettle g'macht hot — vor ihm sott ihr beige.

Was hen m'r als G'schpass g'hat an dem Rejeboge!
Wie hot uns die Mammi als freindlich betroge!
„Gukt, Kinner, der Boge im Bungert dort draus,
Er schteht mit eem Fuhs gar net weit vor'm Haus;
Geht hi' wo er schteht, dort findet ihr liege
Viel goldene Leffel, ihr kennt sie leicht kriege —
Ja, goldene Leffel, un Gabeln, un Bole,
Un goldene Bense! — Wollt ihr se net hole?"

Nor'd sin m'r gedschumpt, un gerennt un geschprunge,
Gegaunscht un geschneppert, gekrische un g'sunge!
O wann ich dra' denk, muss ich heit noch recht lache;
Der vedderscht, der krikt wol 's meenscht vun de Sache!
'S Gras, lang un nass, war verwikelt abscheilich;
Do is m'r geschtolpert, geparzelt gar kreilich.
Die Mammi, die sah vun der Bortsch mit Vergniege
Das Springe, die goldene Sache zu kriege.

An der Bungert Fens owe, do schtand er gar schee',
Goss goldene Dinge herab in den Klee.
Dort hi' sin m'r g'schprunge, do schtand er—ach leider!
Gar herrlich un schee', en paar Felder breed weiter!
Dann ging's widder los, wie?—weescht wol ohne sage—
Wie Hauns, die den Hersch dhun uf's neie ufjage:
Es ging iwwer Fense, un Felder un Ferge;
Und da!—ja, nor'd schtand er dort draus in de Berge!

Nau, neeher bei'm Heile, un weiter vum Lache,
Segt eens zu dem annere—„Was is do se mache?
Der Goldmacher-Boge, der weicht immer weiter;
M'r gehn besser heem, dess wär' verleicht g'scheiter
Es heest, wiescht Zwerge im Berg trage Belse,
Un schmeisse die Kinner mit mechtige Felse!
Was helft uns des Gold, m'r kann's jo net esse;
Un was? wann die Zwerge uns fange un fresse!"

Nor'd sin m'r zerick—die Mammi hot g'schmunselt,
Ihr liebliche Aage gans rings um gerunselt.
„Wo is dann eier Gold?—in Secke un Scherze?"
„Nix, Mutterche!" sagten mir Kinner mit Schmerze.
„Ja, dess is en g'schpassige goldene Leiter,
Sie schtellt ihren Fuhs immer weiter un weiter,
Un endlich verliert m'r sie gans in de Berge,
Dort wohne die wiescht' Menschefresser, die Zwerge!"

Nor'd sagte die Mammi, gar lieblich un leise:
„Ich wott eich mit diesem Bedrug nur beweise,
Wie's geht mit de schlechte Gold liebende Leite;
Gold lockt sie in's Erre, Gold fiehrt sie in's Weite;
Das Glick, das sie suche, das dhun sie net finde,
Un falle dabei noch in allerlee Sinde.
Der Dodt find sie endlich im dunkele Berge,
Do fange sie Geischter noch beeser wie Zwerge!"

„Die Erde gebt Gold zu den weltlich Gesinnte,
Es lei't awer immer Verfiehring dahinte!
Der schee' Rejeboge im Wolkegedimmel
Weist iwwer die Erde zum goldene Himmel:
Er zeigt Gottes Treie, die nimmer dhut weiche,
Un macht ah die Seele in Ewigkeit reiche.
Vergesst net, ihr Kinner, wie eich hot betroge
Das Suche um Gold bei dem goldene Boge."

DER PIHWIE.

PIHWIE, Pihwie, Pihwittitie!
    Ei, Pihwie, bischt zerick?
Nau hock dich uf der Poschte hi'
    Un sing dei' Morgeschtick.

Hoscht lang verweilt im Summerland,
    Bischt seit Oktower fort;
Bischt drunne ordlich gut bekannt?
    Wie geht's de Vegel dort?

'S is schee' dort uf de Orenschbeem:
    Gell, dort gebt's gar kee' Schnee?
Doch fiehlscht du als recht krank for heem
    Wann's Zeit is for se geh'!

Bischt doch uns all recht willkumm do;
    Denk, du bischt net zu frieh,
Der Morge gukt emol net so —
    Gell net, du klee' Pihwie?

Pihwie! wo bauscht du dess Johr hi'?
    Kannscht wehle, wo du witt;
Witt du am Haus 'n Plätzeli?
    Ich dheel d'rs willig mit.

Ich geb' d'r neier Dreck for nix,
  Geilshoor un Flax un Helm;
Nemmscht's ennihau! — Ich kenn dei Tricks,
  Du schmärter kleener Schelm!

Dess is juscht G'schpass, mei Pihwiefreind,
  Ich rechel dich kee' Dieb!
Hettscht mit mei'm Gold dei Nescht geleint,
  Du wärscht m'r juscht so lieb.

'N Fruchtjohr ohne dich, Pihwie,
  Wär wie 'n leeri Welt!
Dei Dienscht, mei liewes Vegeli,
  Bezahlt m'r net mit Geld!

Pihwie, wie'n milde Luft du bringscht!
  Die Friehjohrssunn, wie schee'!
'S gebt nau, weil du 'mol Morgets singscht,
  Kee' Winterdage meh'.

Pihwie, Pihwie, Pihwittitie!
  Bin froh, du bischt zerick;
Nau hock dich uf d'r Poschte hi',
  Un sing dei' Morgeschtick!

DER KERCHEGANG IN ALTER ZEIT.

Es dhut eem gans vun Herze leed,
    Wann m'r an's Alte denkt;
Nau geht fascht alles iwerzwerg,
In Land un Stadt, in Haus un Kerch —
    M'r fiehlt sich recht gekrenkt.

Denk juscht emol an's Kerche-Geh'!
    Wie war's in alter Zeit?
Darch Hitz un Kelt', darch Schtaab un Schnee,
Is Alles gange, Gross un Klee',
    Bei reich' un arme Leit.

M'r is net jehtig nei' gerennt,
    Gekleppert mit de Schuh;
Schee' is m'r gange, sacht un bleed,
Im Schtuhl sich leis in Hut gebet, —
    Sell wert nau net gedhu!

In's Lied hot alles ei'geschtimmt —
    Sell Singe war en Freed!
Nau dhut fascht Niemand 's Maul meh uf —
Zum Singe gehn die Bordkerch nuf
    Paar Buwe un Paar Mäd!

Mit Demuth hot m'r zugehorcht
    Was ah der Parre sagt;
Nau sitzt m'r schtolz wie Dschurymann,
Gukt, wie der Mann doch schwetze kann!
    Un wie er sich betragt!

Die alte Wohrhet hot m'r g'liebt,
    Un selwer angewennt;
Nau denkt m'r, als m'r schläfrig sitzt:
Wie doch der Mann die Sinder schwitzt!
    Er gebt's 'n juschtement!

Un wann m'r in der Sity wohnt,
    Schliesst m'r sich an kee' Ort:
Wo juscht 'n grosser Schwetzer brillt,
Do werd gewiss die Kerch gefillt,
    Un unser eens is dort!

Was Hutlerei! was Hutlerei!
    Die Leit hen leichte Kepp;
'S is alles leer — kee' Saft, kee' Salz,
'N Brote' ohne G'schmack un Schmalz,
    'N schlappiges Geschlepp!

In's Lied hot alles ei'geschiemmt;
Sell Singe war en Freed.

WILL WIDDER BUWELE SEI'.

ES rejert heit, m'r kann net naus,
  Un 's is so lohnsom do im Haus,
    M'r wees net wie m'r fiehlt.
Ich will 'mol dhu' als wär ich klee',
Un uf d'r owerscht Schpeicher geh'—
    Dort haw ich oft geschpielt.

'N Buwele bin ich widder jetz;
Wu sin mei' Krutze un mei' Kletz?
    Nau wert 'n Haus gebaut!
'S schpielt sich doch net gut allee'—
Ich bin jo ah kee' Buwele meh'!
    Was kloppt mei' Herz so laut!

Horch!—Was 'n sunnerbari Sach!—
D'r Reje rappelt uf 'm Dach
    Gar nimme wie 'r hot.
Ich hab's als g'heert mit leichtem Herz;
Nau macht m'r's kreislich Heemweh-Schmerz,
    Kennt heile, wann ich wott.

M'r lewe juscht betriegrisch nei'
In's Schpiele un in's Buwele sei';
   'S is net so leicht zu dhu.
For Epper sagt: „Nix an d'r Sach:
Heerscht du d'r Reje uf'm Dach?
   Sagt er du wärscht 'n Buh?

'S Schpiele geht net — soll ich fort?
Was is uf selle Balke dort?
   Nau bin ich widder Buh!
Dort hen m'r Keschte ausgeschpei't,
Zu derre uf die Krischdag Zeit —
   Dhet's gleiche widder z'dhu!

'N Buwele sei' sell is d'rwerth;
Die Keschte rooschte uf d'r Heerd —
   Was war des 'n Gekrach!
Sell is vorbei, ich fiehl's im G'mieth;
'R schpielt 'n rechtes Heemweh-Lied,
   Der Reje uf'm Dach.

Dort schteht die sehm alt Wallnuss Kischt
Ich wunner nau, was dort drin ischt?
   'S muss eppes 'battich's sei'.
Kallenner, Zeiding, Biecher — ho!
Die alte Sache hen sie do
   All's drunnerscht driwwersch nei'!

Nau bin ich widder recht 'n Buh,
Weil ich do widder sehne dhu
    Des alt' bekannte Sach.
Horch! Heerscht d'r Reje!—jes indied—
'R schpielt 'n rechtes Heemweh-Lied,
    Dort owe uf'm Dach.

„Schtill, Reje! Buwele schpielt deheem;"
Die Schtenner dort vun Gumme Beem
    Schtehn noch am alte Platz;
Dort bin ich alle Samschdag hi',
Hab Salz geholt for Schoof un Kieh—
    Sell war als Ruhl un Satz.

Wu sin die Sättel un die Zeem?
Die Mäd sin nimme do deheem,
    Sie wohne annersch wo!
Sie hen die Sache mit. Ja, ach,
Wie kloppt d'r Reje uf'm Dach!
    Ich gleich net schpiele do.

Dort is so g'wiss 's alt Drunnel Bett!
Denkscht du ich kenn sell Drunnel net?
    Wie siess war dort die Ruh!
Die Buwe hen scheint's Fiehling zeigt,
Un hen's net uf d'r Vendu g'schteigt;
    Sell war nau schee' gedhu.

Sell Drunnel Bett, sell war als mei'—
Ich leg mich ewig nimme nei':
   Sell is vergangne Sach!
'S rejert; ach, in jedem Glied
Fiehl ich des zarte Kindheets-Lied,
   Vum Reje uf'm Dach.

Sie henke net am Balke meh',
Die Bindlen vun Gekreider Thee,
   Un allerhand Gewerz.
Nau will ich widder Buwele sei'—
Ich hol' se for die Mammi rei',
   Sell pliehst mei' Buwele Herz.

Die Mammi? leeder! sie is fort,
Sie schloft jo uf'm Kerchhof dort;
   Vergesst m'r sich doch so!
Nau werd's m'r zart in mei'm Gemieth,
Der Reje war 'n Kerchhof-Lied!
   Ich schpiel net lenger do.

LAH BISNESS.

ZWEE deitsche Baure, brav un gut,
    Un ehrlich bis ufs Hoor,
Gans eenig, wie aus eenem Guss,
Die lebten am Catorus Fluss
    Beisamme manches Johr.

Der eene hot geheese Hans,
    Der anner awer Dschäck;
Dann unner alle Bauersleit
War's so Gebrauch um selli Zeit:
    Der letschte Nam' blieb wek.

Die Baure hen vielfach Verkehr
    Gehat vun Zeit zu Zeit;
Een hot dem ann're g'holfe gern,
So bei der Hoiet un der Ærn',
    Wie's is bei Bauersleit.

Sie hen enanner Sache g'lehnt,
    Un dess un sell abkaaft;
Enanner b'sucht dorch Schnee un Dreck,
Un freindlich gesse Kraut un Schpeck—
    Viel uf un ab gelaaft.

Ufs Wort hen sie enanner borgt,
    Hen nie nix ufgesetzt;
Un ehrlich, uf der werri Dag,
Z'rick bezahlt, so g'wiss ich sag —
    Do war kee' Bens verletzt!

Die Lah un Courts hen sie gehasst,
    Gar kreislich, nemm mei' Wort;
Kunschtabler sin am Haus v'rbei,
Verloss dich druf, sie sin net nei'—
    Kee' Bisness hen sie dort.

Es ging wol gut bei Hans un Dschäck,
    So nooch dem alte Schlag;
Doch, wer net naus geht, kummt net weit,
Un lernt ah nix vun annere Leit,
    Wie er es lerne mag.

Doch, wie m'r sa't: 'n blinde Sau
    Find alsemol 'n Kescht.
So hot d'r Hans 'nmol, bei Glick,
G'lernt 'n wahres Meeschterschtick,
    Ihm un sei'm Dschäck zum Bescht.

Im Schpodjohr war er an dem Pool,
    Am Dschenerel 'Leckschen Dag;
Do war 'n loh gesoffe G'schlecht,
Die kumme in 'n wiescht Gefecht—
    Wie m'r sich's denke mag.

Nor'd hot der Een d'r Anner g'rescht,
    'S is vor den Schqueier kumme;
Der Hans war g'sommenst, denk du dir,
Als Zeige in dem wiescht G'schmier;
    Hot's iewel ufg'numme.

Uf Samschdag war die Suht beschtellt;
    Mei' Hans war dort, net faul;
Wie hot er do die Achseln zuckt,
Un in d'r Affis rum gegukt,
    Un ufgeschperrt des Maul!

Dem gute Hans war alles nei,
    Er is verschrocke schier!
Was war do 'n gelernt Gemisch,
Mit grosse Biecher uf'm Disch,
    Un Dinte, un Babier.

'S Zeigniss hot sie gilty g'macht,
    'S war nix zu helfe da;
Nor'd hot d'r Schqueier gar kreislich scharf
G'sa't, dass m'r net fechte darf,
    Eccording zu der Lah!

D'r Schqueier hot der gans Pack g'feint,
    Sell hot sie dief affect;
D'r Werth hot sie gebeelt — wann net,
Dann het d'r Schqueier die Lumpe Sett
    Grad in die Bresent g'schickt.

Dess hot d'r Hans ebaut gepliehst,
    Wie m'r sich's denke kann.
„Mei' liewer Schqueier," sagt er „ei ja,
Ich seh dei' Schreiwes un dei' Lah
    Bringt alles an d'r Mann!"

Nau Owets ging d'r Hans zum Dschäck,
    Un hot ihm alles g'sa't;
„Ja, unser eens" — so meent d'r Dschäck,
„Sitzt do d'rheem un kummt nie wek;
    In dem Ding hen m'r g'fehlt."

„M'r hen nau so viel Diehlings g'hat,
    Un nix vun Dem gewisst!
Kee' Schqueier, kee' Schreiwes un kee' Lah —
Ich glaab's gewiss — glaabscht du net ah —
    In Dem hen mir's gemisst?"

„Juscht so, mei liewer Dschäck," sagt Hans,
    Sell is ebaut mei' Sinn;
Un weil ich nau d'r Schqueier gut kenn,
So, wann mir widder Bisness hen,
    Dann reit ich dapper hin."

Sagt Hans: „Es fallt m'r ewe ei',
　　Ich brauch juscht nau 'n Ferd;
Ich glaab dei' schwarzer Dschim is feel,
Ich dhet ihn kaafe, meiner Seel!
　　Was meenscht du, is er werth?"

„Ei ja, d'r Dschim is feel," sagt Dschäck,
　　„Ich hab jo sechs beseid;
'N hunnert Dhaler grad awek —
W'rhaftig wolf'l," meent d'r Dschäck —
　　„Doch mir sin Nochbersleit!"

„All recht," sagt Hans, „Ich nemm 'n mit —
　　„Ich denk du borgscht doch mir?
Ich kennt 'n wol bezahle käsch,
Doch in der Lah geht's net so räsch,
　　'S muss erscht uf's Lahbabier!

„Ich reit ihn morje naus zum Schqueier,
　　Er macht uns Schreiwes aus.
For unser alter dummer Plan,
Der bringt die Sach net an der Mann —
　　M'r kummt aus Heem un Haus!"

Der nekschte Owet kummt d'r Hans
　　Beizeite zu sei'm Dschäck;
„Do is nau 's Schreiwes, all compliet,
Gemixt mit Lah, dass alles biet,
　　Es hot kee' Fla' un Fleck."

„Well, les es vor," sagt Dschäck zum Hans;
    „Kann net!" sagt Hans zum Dschäck;
„'S is Englisch g'schriwe — seh mol da!
Weescht doch, es gebt in Deitsch kee' Lah!
    Loss mir die Schpuchte wek!"

„Ich hab's geseint, sell is genunk:
    Der Schqueier hot alles drin.
Wann die beschtimmt Zeit is verfalle
Muss ich die hunnert Dhaler zahle;
    Dess is so 'baut der Sinn."

„All recht!" sagt Dschäck, „Was dhut m'r nau
    Mit dem schee' Lahbabier?"
„Ja, schur genunk," sagt Hans, „Well — hem —
Dess Ding is m'r doch 'n wenig fremm;
    Ich wott d'r Schqueier wär' hier!"

„Doch nau scheint mir die Sach gans klohr,"
    Sagt Hans; „Ich kräck die Nuss;
Ich muss 's. b'halte, ohne Schtreit,
Nor'd kann ich sehne do die Zeit,
    Wann ich bezahle muss!"

Sechs Monet nooch dem werri Dag
    War Hans do mit dem Geld;
„Do sin die hunnert Dhaler grad,
Un do's Babier — nau nemm mei' Rath —
    Die Lah biet alle Welt!"

„All recht," sagt Dschäck; „Wo dhut m'r nau
　　Dess Lahbabierle hin?"
„Ja, freilich, Dschäck; doch ennihau —
Du b'haltscht's — es weist, dass ich dir nau
　　Kee' Bens meh schuldig bin!"

„Gans gut — do hoscht du recht, mei' Hans;
　　Die Bisness hot kee Fla'!"
Die Bauere hen g'seh' wie gut
Es geht wann m'r sei' Bisness dhut
　　Eccording zu der Lah!

HEEMWEH.

ICH wees net was die Ursach is —
    Wees net, warum ich's dhu:
'N jedes Johr mach ich der Weg
    Der alte Heemet zu;
Hab weiter nix zu suche dort —
    Kee' Erbschaft un kee' Geld;
Un doch treibt mich des Heemgefiehl
    So schtark wie alle Welt;
Nor'd schtärt ich ewe ab un geh,
    Wie owe schun gemeldt.

Wie nächer dass ich kumm zum Ziel,
    Wie schtärker will ich geh,
For eppes in mei'm Herz werd letz
    Un dhut m'r kreislich weh.
Der letschte Hiwel schpring ich nuf,
    Un ep ich drowe bin,
Schtreck ich mich uf so hoch ich kann
    Un guk mit Luschte hin;
Ich seh's alt Schtee'haus dorch die Beem,
    Un wott ich wär schun drin.

Guk, wie der Kicheschornschtee' schmokt —
　　Wie oft hab ich sell g'seh',
Wann ich draus in de Felder war,
　　'N Buwele jung un klee'.
O, sehntscht die Fenschterscheiwe dort?
　　Sie guk'n roth wie Blut;
Hab oft cunsiddert, doch net g'wisst,
　　Dass sell die Sunn so dhut.
Ja, manches wees 'n Kind noch net —
　　Wann's dhet, wär's ah net gut!

Wie gleich ich selle Babble Beem,
　　Sie schtehn wie Brieder dar;
Un uf'm Gippel — g'wiss ich leb!
　　Hockt alleweil 'n Schtaar!
'S Gippel biegt sich — guk, wie's gaunscht —
　　'R hebt sich awer fescht;
Ich seh sei' rothe Fliegle plehn,
　　Wann er sei' Feddere wescht;
Will wette, dass sei' Fraale hot
　　Uf sellem Baam 'n Nescht!

O, es gedenkt m'r noch gans gut,
　　Wo selle werri Beem
Net greeser als 'n Welschkornschtock
　　Gebrocht sin worre heem.

Die Mammi war an's Grändäd's g'west,
    Dort ware Beem wie die;
Drei Wipplein hot sie mitgebrocht,
    Un g'sa't: „Dort blanscht sie hie."
M'r hen's gedhu'— un glaabscht du's nau —
    Dort selli Beem sin sie!

Guk! werklich, ich bin schier am Haus! —
    Wie schnell geht doch die Zeit!
Wann m'r so in Gedanke geht,
    So wees m'r net wie weit.
Dort is d'r Schap, die Welschkornkrip,
    Die Seiderpress dort draus;
Dort is die Scheier, un dort die Schpring —
    Frisch quellt des Wasser raus;
Un guk! die sehm alt Klapbord-Fens,
    Un's Dheerle vor'm Haus.

Alles is schtill — sie wisse net,
    Dass epper fremmes kummt.
Ich denk, der alte Watsch is dodt,
    Sunscht wär er raus gedschumpt;
For er hot als verschinnert g'brillt
    Wann er hot 's Dheerle g'heert;
Es war de Träw'lers kreislich bang,
    Sie werre gans verzehrt:
Kee' G'fohr — er hot paar Mol gegauzt,
    Nor'd is er umgekehrt.

Alles is schtill — die Dheer is zu!
    Ich schteh, besinne mich!
Es rappelt doch en wenig nau
    Dort hinne in der Kich.
Ich geh net nei — ich kann noch net!
    Mei' Herz fiehlt schwer un krank;
Ich geh 'n wenig uf die Bortsch,
    Un hock mich uf die Bank;
Es seht mich niemand, wann ich heil,
    Hinner der Drauwerank!

Zwee Blätz sin do uf däre Bortsch,
    Die halt ich hoch in Acht,
Bis meines Lebens Sonn versinkt
    In schtiller Dodtes-Nacht!
Wo ich vum alte Vaterhaus
    'S erscht mol bin gange fort,
Schtand mei' Mammi weinend da,
    An sellem Rigel dort;
Un nix is mir so heilig nau
    Als grade seller Ort.

Ich kann se heit noch sehne schteh,
    Ihr Schnuppduch in d'r Hand;
Die Backe roth, die Aage nass —
    O, wie sie doch do schtand!

Wie manchmal sass mei Dady dort,
   Am Sommer Nachmiddag;
Die Hände uf der Schoos gekreizt,
   Sei Schtock bei seite lag.

Er scht v'rleicht d'r Kerchhof dort,
   Der schun die Mammi helt;
Er schnt v'rleicht nooch seiner Ruh,
   Dort in der bessere Welt!

Dort gab ich ihr mei' Färewell,
    Ich weinte als ich's gab,
'S war's letschte Mol in däre Welt,
    Dass ich's ihr gewe hab!
Befor ich widder kumme bin
    War sie in ihrem Grab!

Nau, wann ich an mei' Mammi denk,
    Un meen, ich dhet se seh,
So schteht sie an dem Rigel dort
    Un weint, weil ich wek geh!
Ich seh sie net im Schockelschtuhl!
    Net an keem annere Ort;
Ich denk net an sie als im Grab:
    Juscht an dem Rigel dort!
Dort schteht sie immer vor mei'm Herz
    Un weint noch liebreich fort!

Was macht's dass ich so dort hi' guk,
    An sell End vun der Bank!
Weescht du's? Mei' Herz is noch net dodt,
    Ich wees es, Gott sei Dank!
Wie manchmal sass mei Dady dort,
    Am Summer-Nochmiddag,
Die Hände uf der Schoos gekreizt,
    Sei Schtock bei Seite lag.
Was hot er dort im Schtille g'denkt?
    Wer mecht es wisse — sag?

V'rleicht is es 'n Kindheets-Draam,
    Dass ihn so sanft bewegt;
Oder is er 'n Jingling jetz,
    Der scheene Plane legt!
Er hebt sei' Aage uf juscht nau
    Un gukt weit iwer's Feld;
Er seht v'rleicht d'r Kerchhof dort,
    Der schun die Mammi helt!
Er sehnt v'rleicht nooch seiner Ruh
    Dort in der bessere Welt!

Ich wees net, soll ich nei' in's Haus,
    Ich zitter an d'r Dheer!
Es is wol alles voll inseid,
    Un doch is alles leer!
'S is net meh heem, wie's eemol war,
    Un kann's ah nimme sei;
Was naus mit unsere Eltere geht
    Kummt ewig nimme nei'!
Die Freide hot der Dodt geärnt,
    Das Trauerdheel is mei'!

So geht's in däre rauhe Welt,
    Wo alles muss vergeh!
Ja, in der alte Heemet gar
    Fiehlt m'r sich all allee'!

O, wann's net vor der Himmel wär,
    Mit seiner scheene Ruh,
Dann wär m'r's do schun lang verleedt,
    Ich wisst net, was ze dhu.
Doch Hoffnung leichtet meinen Weg
    Der ew'gen Heemet zu.

Dort is 'n schee', schee' Vaterhaus,
    Dort geht m'r nimmeh fort;
Es weint kee' guti Mammi meh'
    In sellem Freideort.
Kee' Dady such meh' for 'n Grab,
    Wo, was er lieb hat, liegt!
Sell is kee' Elendwelt wie die,
    Wo alle Luscht betriegt;
Dort hat das Lewe ewiglich
    Iwer der Dodt gesiegt.

Dort find m'r, was m'r do verliert,
    Un b'halt's in Ewigkeit;
Dort lewe unsre Dodte all.
    In Licht un ew'ger Freid!
Wie oft, wann ich in Druwel bin,
    Denk ich an selli Ruh,
Un wott, wann's nor Gott's Wille wär,
    Ich ging ihr schneller zu;
Doch wart ich bis mei' Schtindle schlägt,
    Nor'd sag ich — Welt, adju!

The following translations of four of the preceding poems were made by the author himself, and are here appended as possessing additional interest on this account.

THE OLD SCHOOL-HOUSE AT THE CREEK.

TO-DAY it is just twenty years,
    Since I began to roam;
Now, safely back, I stand once more,
Before the quaint old school-house door,
    Close by my father's home.

I've been in many houses since,
    Of marble built, and brick;
Though grander far, their aim they miss,
To lure my heart's old love from this
    Old school-house at the creek.

Let those who dream of happier scenes,
    Go forth those scenes to find;
They'll learn what thousands have confessed,
That with our home our heart's true rest
    Is ever left behind.

I've travelled long and travelled far,
  Till weary, worn, and sick;
How joyless all that I have found,
Compared with scenes that lie around
  This school-house at the creek.

How home-like is this spot to me!
  I stand, and think, and gaze!
The buried past unlocks its graves,
While memory o'er my spirit waves
  The wand of other days.

The little creek still idles by,
  With bright and playful flow;
And little fish still sport and glide,
Where yon low elder shades the tide,
  As they did long ago.

The white-oak stands before the door,
  And shades the roof at noon;
The grape-vine, too, is fresh and green;
The robin's nest! — Ah, hark! — I ween
  That is the same old tune!

The swallows skip across the mead —
  The foremost one is best!
And, look ye at the gable there,
A house of stubble, mud, and hair —
  That is the swallow's nest!

The young are very still just now —
    They all are sleeping sound;
Wait till the old with worms appear,
Then you the hungry cry shall hear
    From mouths that lie around!

These scenes are as they were of yore,
    Though void of former glee;
But I have changed! — From yonder brook
The boy's reflected rosy look,
    No more smiles out on me!

I stand, like Ossian in his vale,
    And watch the shadowy train!
Now joy, now sadness me beguile,
And tears will course o'er every smile,
    And bring their pleasing pain!

'Twas here I first attended school,
    When I was very small:
There was the Master on his stool,
There was his whip and there his rule —
    I seem to see it all.

The long desks ranged along the walls,
    With books and inkstands crowned;
Here on this side the large girls sat,
And there the tricky boys on that —
    See! how they peep around!

The Master eyes them closely now,
      They'd better have a care;
The one that writes a billet-doux —
The one that plays his antics, too —
      And that chap laughing there!

For all the scholars, large and small,
      Are under equal rule;
Which is quite right — whoever breaks
The Master's rules, a whipping takes,
      Or leaves at once the school.

Around the cosy stove, in rows,
      The little tribe appears;
What hummings make those busy bees —
They better like their A, B, C's,
      Than boxing at their ears!

Those benches are by far too high —
      Their feet don't reach the floor!
Full many a weary back gets sick,
In that old school-house at the creek,
      And feels most woful sore!

Poor innocents! behold them sit,
      In miseries and woes!
It is no wonder, I declare,
If they should learn but little there,
      On benches such as those!

With all these drawbacks, that was still
    A well conducted school;
For Master such, in vain you look,
Who cyphers through the Ainsworth book,
    And never skips a rule!

That he was cross, I must confess;
    He whipped us through and through;
But still most wholesome rules observed;
Who felt the rod, the rod deserved —
    According to his view!

This duty he with zest performed,
    Though charmless to us all!
'Tis strange, our nature never could
Delight in what is for our good —
    'Tis owing to the Fall!

When a new Master took the school,
    Around the question ran:
"Oh, is he Irish? Is he cross?"
How much our gain, how much our loss,
    Depended on that man!

Then when the autumn school began,
    We eyed the Master shy!
His rules, his whip, told very quick,
That he to former rules would stick,
    And ancient methods ply.

Still was there little of complaint;
    We had our pleasures too;
This world does not just always dish
Our fare as sweet as we could wish,
    Yet sweeter than is due!

At noon-day, when the school left out,
    We had of sport our fill;
Some play the race, some houses wall,
Some love a stirring game of ball,
    Some choose the soldier drill.

The large girls sweep; the larger boys —
    What mischief they are at!
They tease, they laugh, they hang about,
Until the Master turns them out —
    The rules were strict in that!

The little girls, of "ring" most fond,
    Their giggling circle drew;
When larger girls joined in the ring —
Now is it not a curious thing? —
    The large boys did it too!

The large ones always tagged the large —
    The small ones always missed!
Then for the prize began the race;
The one that's caught, has now to face
    The music, and be kissed!

Old Christmas brought a glorious time —
    Its mem'ry still is sweet!
We barred the Master firmly out,
With bolts, and nails, and timbers stout —
    The blockade was complete!

Then came the struggle fierce and long!
    The fun was very fine!
And whilst he thumped and pried about,
We thrust the terms of treaty out,
    Demanding him to sign!

The treaty signed — the conflict o'er,
    Once Master now were we!
Then chestnuts, apples, and such store,
Were spread our joyous eyes before —
    We shared the feast with glee!

Oh, where are now the school·mates, who
    Here studied long ago?
Some scattered o'er the world's wide waste!
By fortune hither, thither chased!
    Some, in the church-yard low!

My muse has struck a tender vein!
    And asks a soothing flow;
O Time! what changes thou hast made,
Since I around this school-house played,
    Just twenty years ago!

Good bye! Old school-house! Echo sad,
        „Good bye! Good bye!" replies;
I leave you yet a friendly tear!
Fond mem'ry bids me drop it here,
        'Mid scenes that gave it rise!

Ye, who shall live when I am dead —
        Write down my wishes quick —
Protect it, love it, let it stand,
A way-mark in this changing land —
        That school-house at the creek.

THE OLD-TIME HEARTH-FIRE.

THE poets praise, in touching rhyme,
  The hearth-fire of the olden time;
I read their verse with many a sigh,
And think of times and joys gone by.
Thus dreaming o'er the past, I'm fain
To think I see it all again.

Now, sights like these are truly rare,
Coal fires are fashion every where;
Among the so-called class elite,
There is nor stove nor fire in sight.
You wonder? — yes, 'tis even so —
The heat comes somehow from below!

One feels quite lost — things do not fit —
No place to look, no place to sit —
The room is warm — how strange to me —
And yet no fire to stir or see!
Such modes! — away, 'tis nothing worth,
Give me the old-time glowing hearth.

I ever feel for that dear spot,
A home-sick love that ceases not;
Whate'er I do, where'er I roam,
My heart returns to that hearth-home;
I never can recall the cheer
Of that old hearth, without a tear.

There lay the back-log round and thick;
In front a row of stone or brick;
On that we laid the smaller wood;
Then rose the flame — how warm and good!
And when without the storm-wind blew,
What roaring in the chimney flue!

Against the jam — forethought is good —
Is piled the ready-needed wood;
Just opposite — a thing how rare —
Inviting leans the rustic chair,
And in the chimney-corner stand
The tongs and shovel near at hand.

The mantle-shelf, familiar still,
Holds candlesticks and coffee-mill;
The smoothing irons, large and small,
The lard-lamp overtops them all;
And sulphur sticks — they burn you know,
From faintest coal when fire is low.

Oft have I watched at even-tide
Strange ghost-forms through the embers glide;
The glowing coals, white, black and red,
Now livid are, and now seem dead!
We look, and think, and can with ease
See in the fire just what we please.

How sweet to sit the hearth-fire by,
Till living coals to embers die;
White ashes, creeping o'er their crest,
Come as if covering them for rest;
How dream-like fades their glowing light,
Like eyes that sink to sleep at night.

Sit we beside a *certain* friend,
In love the evening hour to spend;
To double eyes, at such an hour,
The coals have a most charming power!
As one, appear such mutual souls,
They see the same forms in the coals.

O'er youth, as all the poets say,
The hearth-fire holds enchanting sway;
For then their dreaming fancy sees
A cottage mid a clump of trees;
They ask no greater bliss to share
Than just to live together there.

Some think the hearth-fire spell o'er hearts
Is close allied to witching arts!
One thing is sure — oft to that shrine,
Fond memory draws this heart of mine;
And round that hearth's soft evening gleams,
My spirit dreams its sweetest dreams.

When I that hearth in fancy see,
My childhood all comes back to me;
Then lives my father as before —
Then is my mother there once more;
And brothers, sisters, scattered wide,
Come home again at eventide.

HOME-SICKNESS.

I KNOW not what the reason is:
    Where'er I dwell or roam,
I make a pilgrimage each year,
    To my old childhood home.
Have nothing there to give or get —
    No legacy, no gold —
Yet by some home-attracting power
    I'm evermore controlled:
This is the way the home-sick do,
    I often have been told.

As nearer to the spot I come
    More sweetly am I drawn;
And something in my heart begins
    To urge me faster on.
Ere quite I've reached the last hill-top —
    You'll smile at me, I ween! —
I stretch myself high as I can,
    To catch the view serene—
The dear old stone house through the trees
    With shutters painted green!

See! how the kitchen chimney smokes!
    That ofttimes gave me joy;
When, from the fields, that curling cloud
    I witnessed as a boy!
And see! the purple window panes,
    They seem as red as blood.
I often wondered what did that,
    But guess it, never could.
Ah! many a thing a child knows not.
    Did it, it were not good!

How do I love those poplar trees;
    What tall and stately things!
See! on the top of one just now
    A starling sits and sings.
He'll fall!—the twig bends with his weight!
    He likes that danger best.
I see the red upon his wings, —
    Dark shining is the rest.
I ween his little wife has built
    On that same tree her nest.

O, I remember very well
    When those three poplar trees
Not thicker than my finger were,
    And could be bent with ease.

My mother was at grandpa's house,
    And trees like these had he;
She brought three scions home, and said,
    "Boys, plant them there for me."
Can you believe — they grew so tall
    And made the trees you see!

See! really I am near the house;
    How short the distance seems!
There is no sense of time when one
    Goes musing in his dreams.
There is the shop — the corn-crib, too —
    The cider-press — just see!
The barn — the spring with drinking cup
    Hung up against the tree.
The yard-fence—and the little gate
    Just where it used to be.

All, all is still! They know not yet
    That there's a stranger near;
I guess old Watch, the dog, is dead,
    'Or barking, he'd appear.
What fearful bellowings he made
    Whene'er he heard the gate;
The travellers always feared him sore,
    He bounced at such a rate;
But though the bark was woful loud,
    The bite was never great!

All, all is still! The door is shut.
    I muse with beating heart;
Hark! there's a little rattling now
    Back in the kitchen part.
I'll not go in! I cannot yet;
    I'm overcome, I fear!
The same old bench here on the porch,
    I'll rest a little here.
Behind this grape-vine I can hide
    The falling of a tear!

Two spots on this old friendly porch
    I love, nor can forget,
Till dimly in the night of death
    My life's last sun shall set!
When first I left my father's house,
    One summer morning bright,
My mother at *that* railing wept
    Till I was out of sight!
Now like a holy star that spot
    Shines in this world's dull night.

Still, still I see her at that spot,
    With handkerchief in hand;
Her cheeks are red — her eyes are wet—
    There, there I see her stand!

'Twas there I gave her my good-bye,
    There, did her blessing crave,
And oh, with what a mother's heart
    She that sought blessing gave.
It was the last — ere I returned
    She rested in her grave!

When now I call her form to mind,
    Wherever I may be,
She still is standing at that rail
    And weeping on for me!
She is in no familiar spot,
    As oft in former years;
And never to my fancy she
    As in her grave appears;
I see her only at that rail,
    Bedewed with holy tears.

What draws my eye to yonder spot —
    That bench against the wall?
What holy mem'ries cluster there,
    My heart still knows them all!
How often sat my father there
    On summer afternoon;
Hands meekly crossed upon his lap,
    He looked so lost and lone,
As if he saw an empty world,
    And hoped to leave it soon.

Doth a return of childhood's joys
    Across his spirit gleam?
Or is his fancy busy now
    With some loved youthful dream?
He raises now his eyes and looks
    On yon hill's sacred crest;
Perhaps he sees the graveyard there
    Where mother's sleep is blest,
And longs to slumber by her side,
    In death's last peaceful rest.

All, all is still! I hesitate —
    I fain would pass the door,
But fear the pain of missing all
    This home contained of yore.
For, ah, it is not what it was
    Though its inmates are kind;
What with our parents once we lose
    We nevermore shall find;
Death goes before and reaps the sheaves;
    We can but glean behind.

Such is the fate of earthly loves
    Where all things die or change.
Yes, even in the homestead here,
    I feel alone and strange.

O were it not for yon bright heaven,
    With its unchanging rest,
How heavy would our burdens be,
    Our life how sore distressed;
But hope illumes our pathway to
    The regions of the blest.

That is a lovely Fatherland:
    There I shall never roam;
No mother there with tearful eyes,
    Shall see me leave that home.
No father there shall seek the grave
    Where his beloved lies;
That is no vale of woes like this,
    Where all we cherish dies;
The beautiful is permanent
    In those unchanging skies.

There we shall find what here we lose,
    And keep it evermore;
There we shall join our sainted dead,
    Who are but gone before.
I'm fain, in lonely hours, to lift
    The veil that let them through,
And wish it were God's holy will
    To let me pass it too;
Yet patience! till my hour shall come,
    To bid the world, Adieu!

THE OLD SLEEPING ROOM.

I COME, a pilgrim wan and worn,
Back to the house where I was born —
    I softly tread to-day!
My heart bears, as a holy thing,
The many memories I bring
    From life's long weary way.

Familiar are these stairs indeed,
Which to the second story lead,—
    How natural to me!
Just as of old — I do declare,—
The knot-hole in the wash-board there —
    'Tis open still — just see!

Nine steps — I need not count them, though —
I'll lay you what you will 'tis so:
    The short flight there has four.
This hand-rail on the entry-side —
What sport for boys adown to slide,
    As we were wont of yore.

The window at the head is seen,
Venetian shutters, painted green,
    And they are closed up still.
The ghostly light of evening falls,
So pale upon the stairs and walls,
    I feel a timid chill!

Half smiling now, and now half sad —
Half weeping now, and yet half glad,
    Do I ascend these stairs.
I reach the top — I touch the door —
It opens as it did of yore —
    I did it unawares!

The dear old room! How many a night,
From evening hour till morning light,
    Here child and boy I slept!
There in the corner stood my bed:
Here was the foot, and there the head —
    All this my memory kept.

How sweet our childhood sleep appears;
One rests not so in after years —
    Ah! this too well I know!
Life fills the anxious heart with cares,
A wakeful head the pillow bears,
    And night's dull hours move slow.

The moon is up — 'tis full and bright;
It pours its mellow flood of light
    Upon the bed and floor;
What moves upon the wall about?
The shadowy play of trees without:
    I've seen that oft before.

All, all is still, save but the wail
Of lonely cricket's evening tale,
    Hid in the window sill.
Hark! in the closet, tick—tick—tick!
It is the death-watch's ghostly click;
    I wish that worm were still!

If there be ghosts,— ah, who can tell?
This place, this hour, would suit them well;
    Perhaps some may be near!
I see naught with my eyes that's real,
Yet in my spirit's sense I feel
    As if they might be here.

Yes, ghosts are here from childhood's hours,
They have no forms, but come as powers,
    And give me pleasing pain;
They mirror to my heart the plays,
Of all my early halcyon days,
    Which cannot come again!

Angels are here, so pure and rare,
They play upon the moon-beams there,
    They glide along the wall.
Back to this ark, like Noah's dove,
They bring their sprigs of peace and love;
    I hail their friendly call.

These spirits guard us in our ways,
So mother's Holy Bible says —
    And I believe it, too;
Have we the "Our Father" said,
They watch that night around our bed:
    Most certainly they do!

This did our mother often tell,
We children all believed it well,
    And did as we were told.
You don't believe? — you're wiser — you?
Than mother and the Bible too?
    Such folly makes you bold.

For me this faith wrought like a charm;
I slept quite free from fear or harm,
    In peace till morning light.
I hold it still — I still believe,
That they who pray this prayer, receive
    An Angel-guard at night.

I've often wished I were again
A child as innocent as then;
    But that can never be;
So I will keep, as best I can,
The life of childhood in the man:
    The child-life nurse in me.

But see! high up has gone the moon;
How long I've lingered here alone!
    'Tis time for me to leave.
Good by, my little room, good by!
Hold! there is something in my eye!
    This parting makes me grieve!

Wortverzeichniss.

ZUR Erklärung vieler in den vorstehenden Gedichten vorkommender Wörter, und zur Vereinfachung dieses Wortverzeichnisses ist es nur nothwendig auf einige Haupteigenthümlichkeiten oder vielmehr Regeln aufmerksam zu machen, und diese Regeln sind es gerade, welche dem Pennsylvanisch-Deutschen Gleichberechtigung mit den übrigen volksüblichen deutschen Mundarten geltend machen.

Das Pennsylvanisch-Deutsche gehört zu den süddeutschen Mundarten. Der ihm am verwandteste Dialekt ist der pfälzische, oder mehr noch vielleicht die Westricher Abart desselben, und es lässt sich diese Verwandtschaft auf die frühzeitige Einwanderung von Pfälzern nach Ost-Pennsylvanien zurückführen.

Wie alle Dialekte zeigt auch dieser manchfache Eigenthümlichkeiten in verschiedenen Lokalitäten; allein in ihrer Gesammtheit hat die pennsylvanisch-deutsche Mundart gewisse Grundzüge, die überall erkennbar sind und als siegreiches Resultat eines hundertjährigen Ringens der Pfälzer Mundart mit andern süddeutschen, ja sogar mit sächsischen und mährischen Dialekten, und namentlich mit der englischen Sprache, betrachtet werden dürfen.

Die Ansicht, als seien alle Deutsch-Pennsylvanier von rein deutscher Abstammung ist eine sehr irrige. Die Namen schon, mehr noch aber die Stammbäume vieler jetzt ganz deutscher — d. h. pennsylvanisch-deutscher — Familien in den Landdistrikten bekunden eine schottische, irische, schwedische oder französische Herkunft. In manchen Gegenden, wie im Lechathale, hat sich das Deutsche reiner erhalten; in andern Gegenden, wie im Susquehanna Thale und jenseits des Alleghany Gebirges, ist es mehr vermengt mit dem Englischen; überall aber trägt es dieselben Grundzüge, die da sind:

1. Ein Streben nach Vereinfachung und Verschmelzung wo zwei verschiedene Vokale (Diphthonge) oder Consonanten zusammen kommen, wobei sich der stärkere Vokal oder Consonant gewöhnlich verdoppelt; z. B. auch in aach; klein in kleen; Kinder in Kinner; Kopf in Kopp. Dasselbe Streben nach Vereinfachung zeigt sich auch bei den Triphthongen, die zu verwandten Diphthongen werden, wie Gebäude und Geläute in Gebei und Geleit. Erwähnenswerthe Ausnahmen bilden ähnlich lautende Worte mit demselben Diphthong, von denen einer bleibt, der andere verschmilzt, wie Weide (Baum) bleibt Weide; Weide (Grasfeld) wird zu Weed; Laib (Brod) wird Leeb; Leib (Körper) bleibt Leib. Merkwürdig ist der Diphthong *oi*, der in Hoi, Heu; Roi, Reihe; und Boi (Pie) Kuchen, vorkommt.

2. Das *st* hat durchschnittlich den Klang des *scht*. Ausnahmen hiervon bilden nur Worte, die aus dem Englischen acceptirt wurden, und das Wörtchen ist, — das grösstentheils wie das westricher und englische *is* ausgesprochen wird; denn nur in wenigen Lokalitäten hört man noch das eigentliche Pfälzer oder schwäbische *isch*.

3. Ueberall ist die Neigung vorherrschend das t in d, b in w, p in b, g in kh und z in s umzuwandeln.

4. Von den eigenthümlichsten Kennzeichen des westricher Dialektes, dem Verwandeln des d und t in r, und dem Verschmelzen des d und t nach l in ll; wie laden in lare, Gewitter in Gewirrer, halten in halle, mild in mill — findet man im Pennsylvanisch-Deutschen kaum eine Spur. Auch ist die Weglassung der Endsylbe *en* bei weitem nicht so streng; das *n* geht zwar oft in einen Nasenlaut auf, der hier mit einem (') Apostrophen bezeichnet wird; manchmal wird es auch ganz fallen gelassen, aber nie das *e* mit dem *n*.

5. Auf die Satzbildung hat das Englische einen merklichen Einfluss ausgeübt. Wo in dieser Beziehung gegen die Regeln der hochdeutschen Grammatik verstossen zu werden scheint, da ist es immer eine Vertauschung der englischen Regel für die deutsche, was dem deutschen Ohr die Satzbildung allerdings oft sehr sonderbar erklingen lässt. So z. B.: Hen, scherr *der* blind Gaul uf; mer welle uf *der* Markt fahre — (Heinrich, schirre *den* blinden Gaul auf; wir wollen auf *den* Markt fahren).

Die hie und da vorkommenden hochdeutschen Worte hat HARBAUGH nur des Reimes halber eingeführt, und viele englische Ausdrücke, mit denen er einige seiner Gedichte ursprünglich überladen hatte, sind auf seinen Wunsch durch pennsylvanisch-deutsche ersetzt worden.

Schliesslich ist noch zu erwähnen, dass die Schreibweise oder Orthographie so gewählt wurde, damit die oben angeführten Grundzüge auch für Leser im alten Vaterlande, oder im Vergleich mit anderen Werken über deutsche Volksdialekte, so deutlich wie möglich hervortreten möchten.

J. M. B.

A

Abbattig,		besonders.
Aern,		Erndte.
Affis,	*office*,	Amtslokal.
affect,	*affect*,	afficiren.
altfäschen,	*old-fashioned*,	altmodisch.
arg gut,		sehr gut.
artlich,		ziemlich.

B

Babblelaab,		Pappellaub.
ball,		bald.
bass uff,		passe auf,
Bänks,	*bank*,	Ufer.
Beese,		Böse.
Bense,	*pence*,	Pfennige.

beseid,	*beside*,	daneben.
Bisness,	*business*,	Geschäft.
biet,	*beat*,	übertreffen.
blanscht,		pflanzt.
blogt,		plagt.
Boghie,	*buggy*,	elegantes, leichtes Fuhrwerk.
Bole,	*bowl*,	Schale.
Bordkerch,		Gallerie der Kirche.
Bortsch,	*porch*,	Portal.
Bresent,	*present*,	Geschenk.
Brick,	*brick*,	Backstein, Brücke.
Bungert,		Baumgarten.
bummerisch,		pommerisch, schwer.
Buschleit,		Leute auf dem Lande.
Buwele,		Büblein.

C

Courts,	*Courts*,	Gericht.
complict,	*complete*,	vollständig.
cunsiddert,	*considered*,	bedacht.
cumpaunde,	*compound*,	verständigen, abrechnen.

D

Dady, Dädy,		Vater.
dapper,		tapfer, schnell.
darch, dorch,		durch.
däre,		dieser
Desk,	*desk*,	Schreibpult.
Dheerle,		Thürchen.
Dhier,		Thüre.
Dhreen,		Thräne.
Diehlings,	*dealings*,	Verkehr, Geschäfte.
dichdiglich,		tüchtig.
d'no,		nachher.
dreemisch,		träumerisch.
Drep,		Tröpfe.
Drunnel Bett,	*trundle bed*,	Rollbett.

Druwel,		Trubel, Sorge.
Dschäck,	*Jack,*	Engl. Abkürz. für John.
Dscheneral'Leckschen,	*general election,*	Allgemeine Wahl.
Dschent'lleit,	*gentlemen.*	
dschillt,	*chilled,*	kalt geworden.
Dschim,	*Jim,*	Engl. Abkürz. für James.
Dschuryman,	*juryman,*	Einer vom Geschworenen-Gericht.

E

ebaut,	*about,*	eig. ungefähr; hier "ebaut en"— ein sehr.
eccording,	*according,*	gemäss.
eenig,		irgend eine.
Edschent,		Agent.
enacht,		in Acht.
enanner,		einander.
ennihau,	*anyhow,*	wenigstens, jedenfalls.
ep,		ehe.
eppes,		etwas.
Eppel,		Aepfel.

F

Fäct,	*fact,*	That.
färewell,	*fare well,*	Lebewohl.
Fäschins,	*fashions,*	Moden.
Fens,	*fence,*	Zaun.
Ferge,		Furchen.
Fifty-six,		Sechs und fünfzig Pfund Gewicht.
Fitz,		Ruthe.
Fitzeel,		Ruthenöl.
fixt,	*fixed,*	festgestellt.
Fla',	*flaw,*	Fehler.
Floor,	*floor,*	Flur,
Fors,	*force,*	Gewalt.

G

gaschtig,		garstig.
gaunscht,		schaukelt.

gebärrt,	barred,	verriegelt.
geclos't,	closed,	abgeschlossen.
gedscheest,	chased,	gejagt.
gedschumpt,	jumped,	gehüpft.
geele,		gelbe.
gefixt,	fixed,	hergerichtet.
Gehm,	game,	Spiel.
Gekreider,		Kräuter.
gelänst,	launched,	hergeben.
gemixt,	mixed,	gemischt.
gepliehst,	pleased,	erfreut.
gemisst,	missed,	verfehlt.
Geprall,		Geprahle.
geschpeit,	spied,	erblickt.
geschteibert,		gestützt.
geseint,	signed,	unterzeichnet.
gewott,		gewünscht, gewollt.
g'rescht,	arrested,	arretirt, verklagt.
Gut bei,	good by,	Lebewohl.
g'wippt,		gepeitscht.

H

hänkere,	hanker,	gelüsten.
Haunds,	hounds,	Hunde.
Heemet,		Heimath.
heemelt,		anheimeln.
heert,		hört.
heewe,		heben.
heile,		heulen.
heist,	hoist,	aufziehen.
heitsedag,		heutzutage.
Helm,		Halme.
hen,		haben.
Hiwwel, Hiwle,		Hügel.
Hoiet,		Heuet.
Hollerbisch,		Holunderbüsche.
hocke,		sitzen, setzen.
Humbuk,	humbug,	Täuschung.

WORTVERZEICHNISS.

imme, | | in einem.
Jacht, | **J** |
jes, indied, | yes indeed, | ja, in der That.
jummert, | | jammert.
juscht 'mol, | | nur einmal.
juschtament, | | wirklich.
| **K** |
Kärridsch reide, | ride in a carriage, | in einem schönen Fuhrwerk fahren.
Käsch, | cash, | baar.
kee', | | keine.
Kees, | | Käse.
Kepp, | | Köpfe,
Keschte, | | Kastanien.
Klapbord-Fens, | clap-board fence, | Lattenzaun.
knitz, | | schalkhaft.
Kohleffe, | | Kohlenöfen.
Kräcks, | cracks, | Risse.
kreislich, | | (von grässlich) sehr.
Krick, | creek, | Bach.
Krischdag, | | Christtag.
Krutze, | cob, | Welschkorn-Griebs.
Kunne-Miehl, | | Kunden-Mühle.
Kunschtabler, | constable, | Gerichtsbeamter.
kumme raus, | | machen Staat.
| **L** |
Lah, | law, | Gesetz.
Ledscherbuch, | ledger, | Hauptbuch.
leie, | | liegen; lei' für liegt.
Lettcher, | | Lättchen.
lewig, | | lebendig.
liewe, | | liebe.
loh, | | niedrig, gemein.
lohnsom, | lonesome, | einsam.
Lofletters, | love letters, | Liebesbriefe.
lubt, | looped, | mittelst Schleife befestigen.

M

mänedscht,	*managed,*	verwaltet, besorgt.
Mäntelbord,	*mantel-piece,*	Kamingesimse.
meh',		mehr.
Meeschter,		Meister.
mied,		müde.
Misserie,	*misery,*	Elend.
mitnanner,		mit einander.
Muschkrotte,		Moschusratten.

N

Nau,	*now,*	jetzt, nun.
naus,		hinaus.
neiser,	*nice,*	artig.
Nescht,		Aeste.
net,		nicht.
Niss,		Nüsse.
nooch,		nach; zum Unterschied von noch.
nor'd,		nachher.
Noschen,	*notion,*	Neigung.
Notis,	*notice,*	Nachricht.
numme,		nur einmal.

O

owig,		oberhalb.

P

Pihwie,*	(*Muscicapa phebe.*)	
plenti,	*plenty,*	genug.
plehn,	*plain,*	deutlich.
Plicht,		Pflicht.
Pool,	*poll,*	Stimmplatz.
Pränks,	*pranks,*	Possenstreiche.
pretend,	*pretend,*	vorgegeben.
Proposal,	*proposal,*	Vorschlag.

---

* (The Fly-catcher), ein kleiner Vogel, der mehr als sicherer Vorbote des Frühlingswetters als seines Gesanges wegen beliebt ist. Der Obertheil des Körpers ist dunkel-olivenfarbig, der ganze Untertheil hellgelb. In der Volkssprache heisst er schlechtweg Pihwie (Engl.) *Pewit.*

R

Räpps,	*raps*,	Ohrfeigen.
rechel,		rechne, erachte.
Rees,	*race*,	Mühlbach.
rejert,		regnet.
Rehs,	*race*,	Wettlauf.
rei',		herein.
Rigel,	*rail*,	Queerriegel des Zauns.
Roi,		Reihe.
Rhud,		Ruthe.
Ruhl,	*rule*,	Regel.

S

Schap,	*shop*,	Schuppen.
Scherze,		Schürzen.
schiepisch,	*sheepy*,	schaafsmässige.
schier,		beinahe.
schkippe,	*skip*,	stossweis fliegen, überhüpfen.
schlick,	*sleek*,	glatt.
schlohe,	*slow*,	langsam.
schmärt,	*smart*,	flink.
schnock,	*snug*,	wohl verwahrt.
Schoh,	*show*,	Schauausstellung.
Speicher,		Dachstube.
schpreie,	*spry*,	lebhafter, feuriger.
schpukig,		gespenstig.
Schpuchte,		Neckereien.
Schqueier,	*Esquire*,	Friedensrichter.
Schreiwes,		etwas Geschriebenes.
schreeks,		schräg.
schtärt,	*start*,	abreisen.
Schteil,	*style*,	Art, Lebensart.
Schtenner,		Standfass.
schtoppt,	*stopped*,	hält an.
schur,	*sure*,	sicher.
Schwalme,		Schwalben.

sehft,	*saves,*	spart.
schm,		selbe, dasselbe.
seifere,	*cypher,*	rechnen.
selli, seller,		selbige, jener.
sellmol,		damals.
seinscht,	*sign,*	unterzeichnest.
Sent,	*cent,*	Pfennig.
Set,		Paar, Partie, Gesellschaft.
Sill,	*sill,*	Schwelle.
Sinn,		Sünde.
sitscht,		sitzest.
Sold'scher,	*soldier,*	Soldat.
Sool,	*soul,*	Seele.
Suht,	*suit,*	Klage, Prozessverhandlu'g
sunnerbari,		sonderbare.

T

'täggt,	*tagged,*	angeschlagen im Kinderspiel.
Tollhaus,	*toll,*	Zoll-Haus.
Tornpeik,	*turnpike,*	Chaussee.
Träw'lers,	*travelers,*	Reisenden.
Tschäps,	*chaps,*	Burschen.

U

ufgedresst,	*dressed up,*	herausgeputzt.

V

Vendu,	*vendue,*	öffentliche Versteigerung.
vernaddert,		vernarrt.
vermisst,	*missed,*	nicht getroffen.
verschpettle,		verspotten.
verschwappe,	*swap,*	vertauschen.

W

wackrig,		wach, hell.
Wälli,	*valley,*	Thal.
wammer,		wenn man.

Wassum,		Waasen.
watscht,	*watched,*	beobachtet.
werri, selli werri,	*very,*	sehr, gerade dieser.
wieschte		wüste.
Wip,	*whip,*	Peitsche, Ruthe.
Wolkegedimmel,		Wolkengetümmel.

X

'xäktly,	*exactly,*	genau.

Z

Zeppel,		Zöpfchen.
Zuhk,		Zug.